誰にも聞けなかった！

保育者のいろいろお悩み相談

親の離婚・再婚、外国籍家庭など対応力が上がる46のQ&A

水野智美・西村実穂 著　徳田克己 監修

中央法規

はじめに

　ある保育者から、「私のクラスに、時々『お部屋の壁のところにおじさんがいるよ』と言う子がいます。実際にはいないので、『どうしてそんなウソをつくの？』と尋ねていました。お母さんに相談したら、その子は、お母さんにも近所の道で『お姉さんが立っている』ということがあるようで、お母さんも『気持ちが悪い』と言って困っていました。どうしたら、ウソをつかなくなるのでしょうか」という相談がありました。

　幼児のウソは、叱られないように自分を守るウソや想像や空想の世界を語るウソがほとんどです。大人には見えないおじさんやお姉さんが見えるという話は、ウソではなく子どもには実際に見えているのではないかと私は考えました。子どもは見たままを口にしているのに、保育者や保護者に叱られているのではないかと思い、多くの園でそんなことをいう子どもがいないかについて聞き回りました。その結果、そのような子どもが一つの園に１～２名はいることがわかりました。そして、その子どもたちはどの園でも叱られたり、気持ち悪がられたりしていました。

　個々の子どもに合った保育や教育を提供することが求められている時代に、この状況はよくありません。こういう子どもがいた場合、どのように対応すればよいのかを示さなければならないと思いました。

　そうした視点で、子ども、保育者、保護者を見てみると、今まで学会や研究会で話題になったことがない、関連する本や資料がない「保育者が対応に迷う事例」がたくさんあることがわかりました。

　この本は、保育者が対応に迷っているけれども、どこにも相談しにくいケースを取り上げて、解決策を具体的に示したものです。必ず保育者に役立ちます。

　私たちの趣旨をくみ取り、出版してくださった中央法規出版の代表取締役社長・荘村明彦様と編集者の荒川陽子様に心より感謝申し上げます。

　2021 年 3 月

監修　徳田克己

目次

いろいろな家庭や家族についての悩み

外国籍の保護者への対応

家族の病気や障害、死別への対応

＼ 誰にも聞けなかった！ ／

保育者の
いろいろ
お悩み相談

親の離婚・再婚、外国籍家庭など
対応力が上がる46のQ&A

Q1

Aちゃんには、生まれつき顔に大きなあざがあります。まわりの子どもから、からかわれたときにどう対応したらよいのでしょうか。

　Aちゃんの顔には、他の子どもからもはっきりわかるような大きな茶色のあざがあります。これまでにも、まわりの子どもから「どうしてAちゃんの顔は茶色いところがあるの？」などと聞かれることがありました。最近では、からかうようなことを言う子どもが出てきました。

頭ごなしに叱らず、子どもが抱いた違和感を受け止めたうえで、一人として同じ顔の人はいないことを伝える

　まわりの子どもたちが、「どうしてAちゃんの顔は茶色いところがあるの？」などと尋ねてきたり、からかったりした場合に、保育者として悲しい気持ちになると思います。しかし、そのような状況で子どもたちを頭ごなしに叱ることは、逆効果になります。子どもにとっては、自分とは異なる顔の特徴に違和感を抱いたことから、このような発言になります。こうした発言をした子どもを頭ごなしに叱ると、「違和感があっても、口にすると叱られる」ことを学習してしまいます。その後、Aちゃんだけでなく他の子どもの特徴に違和感を抱いた際にも、大人の前ではそのことを口にせず、その子どもと仲良くする一方で、大人が見ていないところではかかわりを避けたり、仲間外れにしたりするなどの不適切な行動をとってしまうことになります。まずは、子どもたちが自分の顔と違う部分が気になったことを受け止めてください。

　そのうえで、子どもたちには、目の色、鼻の形、口の形、髪の毛の色、肌の色のすべてにおいて、一人ひとり違うことを確認させます。それぞれの顔が違い、いろいろな顔の人がいることが当たり前であること、違いがあることは悪いことではなく、む

しろその人の素敵な特徴であることを伝えます。

さらに、誰にもほくろがあることを確認させたうえで、ほくろの大きさはひとそれぞれで、なぜ大小の違いができるのかがわからないことを伝えます。Aちゃんの顔にあるのも、ほくろの仲間で、他の子どもたちにあるほくろが大きくなったものであること、なぜ大きくなったのかはわからないことを話してください。

また、「先生は、Aちゃんのお顔が大好き」とAちゃんに常に伝えてください。Aちゃん自身もまわりの子どもからあざをからかわれていると、気にするそぶりが増えてきます。その際には、「先生は、Aちゃんが大好き」と話すとともに、からかっている子どもに対しても、「先生はそう思わないよ」と伝え続けてください。

さらに 対 応 力 UP ↗

あざの治療

あざの中には、自然に薄くなっていく場合もあれば、徐々に大きくなり、目立つようになる場合もあります。あざのある子どもの中には、年に数回の治療を受けている子どももいます。そうした子は、皮膚が厚くなる前の幼児期から治療をしていることが多いです。

あざの治療には多少なりとも痛みが伴うことから、子どもは病院に行くことを嫌がることがあります。その場合にも、「よく我慢できたね」「病院に行けて偉かったね」などと子どもをたくさんほめてあげてください。

また、あざの中には、成長とともに現れるものがあります。その場合に、保育者は家庭内での虐待を疑ってしまうことがあります。虐待の事実があったことを見逃すことはあってはならないことですが、成長とともに現れるあざができただけで虐待と疑ってはいけません。あざ以外に子どもに不自然なけがはないか、子どもや保護者の身なりに違和感はないか、子どもや保護者の行動に不自然な点はないかをよく確認して、虐待の有無を確認してください。

Q2

Aくんは重度のアトピー性皮膚炎があり、皮膚が赤く腫れたり、血が出ていることもあります。まわりの子どもが、Aくんと手をつなぎたくないと言いました。

Aくんと手をつなぎたくない

 お 悩 み

　Aくんはアトピー性皮膚炎がひどく、皮膚が赤く腫れ、湿疹が出ています。かゆみがひどくなると、かきむしってしまい、血が出てしまうことがしばしばあります。周囲の子どもから、Aくんと手をつなぎたくないと言われてしまいました。

保育者が見本を見せ、無理につながせなくてよい

　Aくんのように症状が重い場合には、まわりの子どもたちにもAくんの皮膚の症状がわかります。そうすると、自分と肌の状態が違うために、違和感を抱いたり、血が出ているのを見て恐怖を感じたりしてしまう子どもも出てきます。

　まずは、保育者がAくんに必要な対応をして、まわりの子どもを安心させること、保育者が見本となるかかわりを示すことが大切です。具体的には、アトピー性皮膚炎のある子どもがかゆがっていた場合には、冷やしたり、薬を塗ったりして、「かゆかったね」「よく我慢したね」などと声をかけながらかゆみを抑えるための対応をします。まわりの子どもたちにも、「先生がAくんにお薬を塗ったから、もう大丈夫」などと、声をかけておきます。つまり、保育者が対応すれば、Aくんの状態は悪くならないと周囲の子どもたちに伝えていくのです。その後、保育者が率先してAくんと手をつなぎ、その姿を周囲の子どもたちに見せてください。

　それでも、「Aくんと手をつなぎたくない」と言う子どもがいた場合には、「先生

かゆかったね

はAくんと手をつなぐよ」と伝えて、保育者がAくんと手をつなぐようにし、嫌だという子どもには無理に手をつながせようとしないでください。周囲の子どもがAくんと手をつないでも大丈夫と思えるようになるまで、待ちましょう。

　また、「手をつなぐと、僕もAくんみたいになるのかな？」と心配する子どももいます。その場合には、手をつないでも、皮膚の症状がうつらないことをしっかりと伝えてください。

さらに 対 応 力 UP

アトピー性皮膚炎によりかゆみを伴う子どもへの対応

　アトピー性皮膚炎の子どもは、かゆみを伴うことが多いため、ついかきむしってしまうことがあります。かくことによって皮膚のバリア機能が低下するため、さらにかゆみが増してしまいます。そのため、子どもにかかないようにさせることが大切です。

　しかし、子どもに「かいてはダメよ」と注意しておいても、子どもはかゆくなった場合に、ついかいてしまいます。ダメなことはわかってはいるけれど、ついやってしまうのです。

　子どもがかかないようにするためには、両手を使った遊びに誘ったり、お手伝いを頼んで、両手がふさがるようにするのも方法のひとつです。両手がふさがっていれば、物理的にかかずにすみます。また、楽しくて夢中になっている時や大人からほめられたいとがんばっている時には、かゆみを忘れて生活できることがあります。

　かかずに我慢できた時には、「偉かったね」と大いにほめてください。

Q3

クラスでは、身長が小さい子どもを赤ちゃん扱いして、世話をやこうとする子どもがいます。

やってあげるね

　Ａちゃんはクラスの他の子どもに比べて、身長が低いです。性格もおとなしく、マイペースなので、活動のスタートに他の子どもより時間がかかることがあります。クラスのなかには「Ａちゃんは赤ちゃんだもんね」「私がやってあげる」とＡちゃんの着替えを手伝おうとするなど、Ａちゃんができることであってもやってあげようと世話をやく子どもがいます。

保育者は年齢に合った接し方をする。自分でできることは自分で、とまわりの子どもたちに伝える

　身体が小さい子どもの場合、同級生から年下の子どものような扱いをされることがあります。子どもたちが身体の小さい子どもの世話をやこうとする姿を保育者がほめると、ほめられた嬉しさからますます世話をやこうとするようになります。しかし、それではAちゃんが自分でできることまでやってもらうことになり、Aちゃんにとってよいこととは言えません。保育者は、他の子どもたちに対しては「見てるだけにしようね」「心のなかで『がんばれ』って応援してあげてね」と、Aちゃんが自分でできることは見守り、必要以上に手を出さないように伝えます。

　Aちゃんに対しては、自分でできることは「自分でできるよね。がんばろう」と励まして、ひとりでできることは多少時間がかかっても自分でやるように促します。

　また、身長が低いために、園で使用する机やいすが高すぎる、トイレや水道が使いづらいといった物理的な問題が生じることがあります。トイレや水道については小さいクラスのものを使ってもよいです。いすについては身体にあったものでないと、活

動がしづらくなる場合があります。足置きやクッションなどを使用して、子どもの身長に合うように高さを調整します。

さらに 対 応 力 UP

身長が低いことに気づいたら…？

　保育者は、保護者から「子どもの背が低いのではないか」と相談を受けたり、身体測定の際に明らかに年齢よりも小さいことに気付くことがあります。身長が低い原因は、保護者も小柄であるなど遺伝的な要素であったり、検査をしてみても原因がわからない場合が多いです。しかし、ターナー症候群、骨軟骨異形成症などの病気がもとで身長が伸びていないこともあります。低身長をきっかけに、ほかの病気に気付くこともあるため、ただ身長が低いだけだと思わずに、受診につなげる必要があります。病気がもとで身長が低い場合には、成長ホルモンの注射などを用いて、治療によって身長を伸ばすことができるケースがあります。こうした場合には、早く治療を始めたほうが身長の伸びが良いため、早めに医療機関を受診するほうがよいのです。

　受診の目安は、成長曲線（右頁図）で一定の水準を下回っているかどうかです。

　成長曲線とは、月齢・年齢ごとに身長や体重の平均値を示した曲線です。男女別になっており、グラフにゆるやかな曲線が書かれています。グラフに子どもの身長や体重を記録していくと、成長の様子を視覚的に把握することができます。低身長かどうかを判断したい場合には、身長の成長曲線を使います。成長曲線には＋2.0SD から－3.0SD まで曲線が書かれており、成長曲線にその子どもの身長を記録してみて、－2.0SD 以下の場合には、まずは近くの小児科で相談することを保護者に勧めます。

● 成長曲線（身長）

横断的標準身長曲線（0-6歳）男子（SD表示）

（2000年度乳幼児身体発育調査・学校保健統計調査）

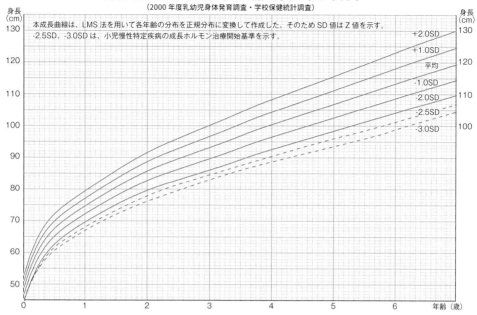

本成長曲線は、LMS法を用いて各年齢の分布を正規分布に変換して作成した。そのためSD値はZ値を示す。
-2.5SD、-3.0SDは、小児慢性特定疾病の成長ホルモン治療開始基準を示す。

横断的標準身長曲線（0-6歳）女子（SD表示）

（2000年度乳幼児身体発育調査・学校保健統計調査）

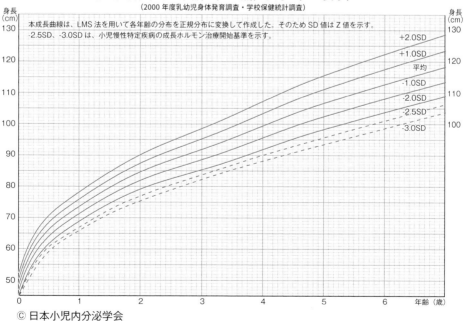

本成長曲線は、LMS法を用いて各年齢の分布を正規分布に変換して作成した。そのためSD値はZ値を示す。
-2.5SD、-3.0SDは、小児慢性特定疾病の成長ホルモン治療開始基準を示す。

© 日本小児内分泌学会

Q4

Aちゃんは足に発達上の問題があり、足に装具を着けています。まわりの子どもから、装具について聞かれた場合に、どのように答えるべきでしょうか。

これなあに？

 お悩み

　Aちゃんは生まれつき足に障害があり、靴を履くときに装具を着けています。まわりの子どもたちから「なんでAちゃんはこれをつけてるの？」「これなあに？」と聞かれることがあるのですが、どのように答えればよいのかと迷ってしまい、聞かれるたびに言葉を濁してしまいます。

保護者と相談したうえで、Aちゃんにとって必要なものであることを説明する

　病気や障害があるために、園にいる間に装具をつける必要がある場合に、まわりの子どもが装具に注目することがあります。装具はAちゃんの病気や障害にかかわるものです。保護者のなかには、さまざまな考え方の人がいます。病気や障害のことをまわりに話して理解してほしいと考える人もいれば、あまりまわりの人に話してほしくないと思っている人もいます。そのため、装具を含めた障害や病気のことをまわりの子どもにどのように伝えるのかについては、まず保護者の考えを聞き、その意向を尊重する必要があります。

　ただし、子どもが見たことがないものや珍しいものを見て、「なんだろう？」と思うのは当然のことです。ある程度予測される質問については、子どもたちにこのように答えてもよいかなどと事前に保護者に相談しておくことがよいでしょう。たとえば「Aちゃんは生まれたときから、足を動かしにくいために、今は歩く練習をしている

の。これをつけると、Ａちゃんは足を動かしやすくなったり、立っているのが少し楽にできるようになるのよ」という伝え方でよいかどうかを保護者と話し合います。

　また、装具はＡちゃんが歩くときに必要なものであり、壊れてしまってはＡちゃんが歩くときにとても困ってしまうため、さわらないでほしいことを子どもに説明します。

さらに 対応力 UP ↗

装具の役割

　装具は、身体の一部がうまく使えないときに、身体の動きを補助したり、身体の代わりになるものです。歩行が難しい場合にそれを補助するための下肢装具（左イラスト参照）や車いすなどがあります。例えば、足に障害があって歩行が安定しない場合に、装具をつけると歩行が安定して歩きやすくなるというように、装具をつけることで生活がしやすくなります。

　また、装具のもう一つの役割として、身体の変形した部分を正しい位置に戻すものがあります。乳幼児期によく使われるのが、先天性股関節脱臼の子どもの股関節の位置を正しい位置に戻すリーメンビューゲル（右イラスト参照）です。

　装具を着ける際には、外遊びのとき、お昼寝のときというように着けるタイミングが決まっている場合があります。保育者は、適切なタイミングで装具を着ける、装具がずれたり外れてしまったりしないように注意するといったことに配慮してください。また、装具はどれも、一人ひとりの子どもの身体に合わせて作られたものであり、その子どもの生活に不可欠なものです。そのことをまわりの子どもたちに伝えていくことも保育者の役割のひとつです。

Q5

知的障害のある子どもがクラスに在籍しています。クラスの子どもから「なんで同じようにできないの?」と言われたのですが、どのように説明をすればよいでしょうか。

お悩み

　Aくんは、保育者の指示を理解することができず、他の子どもと同じように行動することができません。一列に並ぶ場面でも、Aくんはどこに並んだらよいのかがわからなかったり、別の場所に行ってしまったりします。周囲の子どもから、「なんでAくんはみんなと同じようにできないの?」と聞かれてしまいました。

誰にでも苦手なことはあり、人それぞれ苦手なことが違うことを伝える

　子どもから質問があった場合には、それぞれの子どもに苦手なことはないかを考えることから始めます。Aくんだけでなく、誰にでも苦手なことがあることを感じさせるためです。みんなの発言を聞き、苦手なことが人によってそれぞれ違うことを子どもたちが実感できたら、Aくんにも苦手なことがあり、Aくんはそのことを今、練習している最中であると伝えてください。

　もし、周囲の子どもがAくんをばかにするような発言をしているのであれば、上記の対応をしたうえで、自分が苦手なことを他の人からばかにされたら、どんな気持ちになるかを考えさせます。苦手なことを他の人からばかにされたらいやな気持になることは誰もが同じであることを実感させ、Aくんもまわりの人からばかにされたら嫌な気持ちになることを伝えます。

　また、Aくんの成長について、まわりの子どもにどう話すかは、保護者とよく相

談する必要があります。ただし、その場合には、Ａくんの保護者がＡくんの障害を受容している場合に限ります。「赤ちゃんの時に高い熱を出してしまって、その後、ゆっくりだけれど、みんなと同じように大きくなっている」といった説明のように、Ａくんのこれまでの状況がわかると、納得する子どもも多くいます。

さらに 対 応 力 UP ↗

知的障害のある子どもが登場する絵本を活用しよう

　知的障害のある子どもが登場する絵本が出版されています。ゆっくりと成長している人がいることを子どもに伝える際に、このような絵本の活用が有効です。絵本の中にも、「どうして、〇〇ちゃんはみんなと同じようにできないの？」などと子どもたちが感じる疑問が投げかけられ、それに答える場面がでてくるものがあります。

　『のんちゃん』（さく　ただのゆみこ、小峰書店、休版中のため図書館などで探して利用しましょう）、『となりのしげちゃん』（写真・文　星川ひろ子、小学館）という絵本があります。これらの絵本では、知的障害のある子どもとまわりの子どもの日常生活が描かれ、それぞれが成長していく姿が示されています。これらの絵本を通して、子どもたちが知的障害のある子どもに対する親しみの気持ちをもてるようにするとともに、一人ひとりが違っていいのだということを感じられるように促してください。

『のんちゃん』

『となりのしげちゃん』

Q6

Aちゃんは自己主張が強く、わがままです。一人っ子であることが関係しているのでしょうか。

 お悩み

　Aちゃんは、自分の都合のいいようにまわりの子どもに指示をしたり、自分の思い通りではないことは、決して譲らなかったりします。Aちゃんは一人っ子で育ったせいで、このようにわがままな行動をするのでしょうか。

「一人っ子＝わがまま」は間違い

　昔から「一人っ子はわがままになる」と言われることがありますが、それは間違いです。一人っ子であろうが、きょうだいがいようが、その子どもにどの程度、自分の欲求をコントロールする力が身についているかによって、変わってきます。つまり、きょうだいが多くても、自分の欲求をコントロールする力が身についていなければ、わがままになります。逆に、一人っ子でも、自分の欲求をコントロールする力が身についていれば、わがままではないのです。このような誤解があるにもかかわらず、「一人っ子＝わがまま」ととらえることを「一人っ子ハラスメント」と言います。

　幼児期は、自己主張と自分の欲求をコントロールする力の両方を伸ばしていくことが大切です。自己主張の力が強すぎると周囲とのトラブルの元となりますが、自己主張ができないことも問題です。自分は何がしたいのか、どうしたいのかを考える力を育むことは、将来、自分の夢を実現していくために欠かすことができません。また、自分の欲求をコントロールする能力ばかりを身につけても、よくありません。欲求不

満になるだけでなく、自分がどうしたいのかを考える力が育たなくなってしまいます。

子どもの自己主張の力が強い場合には、自分の欲求を少し我慢してコントロールする練習をします。具体的には、自分の思い通りにならなくても怒らないことを先に約束し、少しでも我慢しようとしたら、ほめることをくり返します。逆に、自己主張の力が弱い子どもの場合には、「○○ちゃんはどうしたいの？」などと尋ね、少しずつ自分の欲求を明確化することを促します。このように、子どもによってバランスよく2つの力が身につくようにしていくことが大切です。

さらに対応力UP↗

我慢する力は、楽しみを待つことから少しずつ身につけさせよう

誰にとっても我慢することは楽しいことではありません。しかし、世の中は、自分の思い通りにならないことが多くあり、そのたびに癇癪を起していたり、他人とトラブルを起こしていれば、自分自身も楽しくありません。そのため、幼児期から少しずつ我慢する力を身につけるようにすることが大切になります。

しかし、最初から嫌なことを我慢しろと言われても、うまくいきません。まずは、我慢すれば、その後によいことがあると子どもがわかるように、楽しみを待つことから始めましょう。つまり、少し我慢をすれば、自分が望むことが得られるという方法です。たとえば、好きなおもちゃを使いたい場合に、「夕飯を食べた後ね」などと時間を決めておき、その時間が来るまで我慢をして待つのです。また、欲しいおもちゃを買ってもらう場合も、誕生日やクリスマスなどのイベントまで我慢させます。待つことができれば、それで遊ぶことができます。徐々に待つ時間を延ばしていくことによって、我慢する力を身につけていくことができます。

楽しみを待つことができるようになったら、嫌なことを我慢する練習をします。最初は、我慢の時間を短くし、少しでも我慢ができたら、大人からたくさんほめてもらえるようにします。そうすることによって、嫌なことを我慢したら、ほめてもらえることを理解し、少しずつ我慢できるようになります。

Aくんは6人きょうだいです。保育者にかまってほしいのか、保育者が嫌がることをして気を引こうとします。

お悩み

　Aくんは6人きょうだいの4番目です。Aくんの下に生まれて数か月の赤ちゃんと2歳の弟がいます。保護者は下の2人の子どもに手がかかり、なかなかAくんにまで手がまわりません。そのため、園ではAくんは保育者にかまってほしいのか、保育者の髪の毛をひっぱったり、たたいたりするなど、保育者が嫌がるようなことを頻繁にします。

"お試し行動"に反応してはダメ

　お試し行動とは、相手の気を引きたいためにわざとよくない行動をすることをいいます。Aくんも、保育者にかまってほしい気持ちから、保育者にわざと不適切な行動をし続けます。なぜ、Aくんが不適切な行動をし続けるかといえば、不適切な行動をすれば保育者が必ず反応してくれることを学習してしまっていることが原因です。

　お試し行動をする子どもに対して、すべきことは2つあります。まずは、よい行動とよくない行動をはっきりとAくんに示すことです。たとえば、保育者にふり向いてほしい時に、髪の毛をひっぱること、たたくことはよくない行動であり、「先生」と声をかけて呼ぶこと、トントンと保育者を触るようにすることがよい行動であることを伝えます。

　もう1つは、よい行動をしている時にはたくさんほめてかかわり、よくない行動をしている時には反応をしないことです。子どもが髪の毛をひっぱるなどのよくない行動をする度に、保育者が叱ったり、「そんなことをすると痛いよ」などとかかわるような行動をしていれば、Aくんはよくない行動をしていることをわかっていながらも、

それを続ければ保育者が自分の方に向いてくれることを学習し、やり続けてしまいます。Aくんが不適切な行動をしていない時にほめていれば、Aくんはそのような行動をする必要がなくなります。

　なお、きょうだいの人数が多い家庭は、常にけんかをしていて暴力的である、しつけがされていない、保護者からの愛情が十分に注がれていないなどのネガティブなイメージを持たれることがありますが、それは大きな間違いです。同じく、きょうだいの一番上はしっかり者で、末っ子は甘えん坊であるなどと言われることもありますが、これも必ずしも当てはまりません。それぞれの子どもの育てられ方や特性を考えることなく、このようなステレオタイプの見方をしていないかを、見直してみることも大切です。

さらに 対応力 UP

子どもがお試し行動で危険な行動をした時には、大人は冷静に対応しよう

　子どもがお試し行動をした場合に、大人は反応をしないことが必要であることを書きましたが、高いところに登ってしまうなどの危険を伴うような行動をした場合には、反応しないわけにはいきません。その場合に、保育者として動揺する気持ちはわかりますが、できる限り落ち着いて、冷静な声で子どもがどうすればよいのかを伝え、子どもにけがのないような対策をしてください。

　たとえば、子どもが登ってはいけないような高いところに登ってしまったら、まずは念のために他の保育者にマットを用意してもらいます。一人の保育者が冷静に、できる限り低い声で、「Aくん、降ります」とだけ言います。何人もの保育者が「危ないよ！」「おりてらっしゃい！」と騒げば騒ぐほど、子どもは多くの先生にかかわってもらったと学習し、嫌なことがあれば、同じように危険な行動をくり返してしまうことになります。子どもがその場所から降りたら、何事もなかったかのように淡々と行動してください。ここで、子どもの行動を叱ると、結果的に子どもは保育者にかかわってもらったことになり、この行動は続いてしまいます。

Q8 双子のAちゃんとBちゃんは園の中でいつも一緒にいます。このままでいいのでしょうか。

　一卵性双生児のAちゃんとBちゃんは、好きな遊びが同じであり、家の中だけでなく 園の中でも、いつも一緒に遊んでいます。時々、他の友だちが仲間に加わりますが、二人だけでいることの方が多いです。AちゃんとBちゃんをこのまま一緒にいさせたままでいいのでしょうか。

園ではできるだけ二人を離して生活させよう

　双子で見た目はとても似ていても、AちゃんとBちゃんはそれぞれの個性があります。Aちゃんは几帳面でしっかり者であり、Bちゃんは少し甘えん坊なところがあるなどです。違う人格の持ち主の二人であることは明らかなはずですが、いつも二人で一緒にいることによって、大人から二人に対して同じように対応されてしまうことがあります。

　また、二人はいつも一緒にいるので、言葉を発しなくても、だいたい相手がどうしたいのかを想像できてしまい、意思疎通ができます。意思疎通がうまくいかない友だちとかかわることをわずらわしく思い、かかわろうとしなくなります。そうすると、園の中で自分の言葉を使って相手に何かを伝えようとする意欲が育ちません。結果的にコミュニケーションの能力が育たないことになります。

　さらに、年齢が高くなると、それぞれに得意なこと、不得意なことがはっきりしてきます。その場合、一緒にいることによって、常にお互いがライバルになってしまい

ます。Aちゃんが得意なことを保育者からほめられていると、Bちゃんが「自分はうまくいかない」と落ち込みます。その逆もあります。大人は二人を比べるつもりはなくても、子どもにとってはいつも比べられてしまう存在になってしまいます。

　二人が同じクラスにいれば、行事などへの対応が楽になるとの思いから、保護者は同じクラスにしてほしいと要望をするケースが多くみられますが、子どもの発達面からみれば、別のクラスに在籍させたほうがよいといえます。しかし、1学年が1クラスしかない場合には、同じクラスにならざるを得ません。その場合に、設定保育では二人が別のグループになるようにする、席を離すなどして、それぞれの子どもたちができるだけ他の友だちと交流できるような環境を整えることが必要です。

さらに 対 応 力 UP

多胎児の保護者向けのサポートを活用しよう

　多胎児とは、双子や三つ子など、母親が同じ時期に胎内で育てた複数の子どものことを言います。多胎児の保護者は、同時に複数の子どもを育てなくてはならないため、子どもが小さいうちは大変なことがあります。多胎児をもつ保護者の多くが、授乳期には、毎晩、一人に授乳していれば、もう一人も授乳を求めて泣くことがくり返され、夜間になかなか寝られないと言います。また、子どもの年齢がもう少し大きくなっても、一人に対応していれば、もう一人がぐずる、公園に連れていっても、二人同時に見ていられなくて、一人に対応していたらもう一人がトラブルを起こしていたなどということをくり返し、精神的にも身体的にも追い込まれているケースがあります。

　このような保護者を支援するために、最近では多胎児をサポートする機関がつくられつつあります。ここでは、多胎児をもつ先輩保護者から「この時は、こんな工夫ができるよ」などと実体験を交えたさまざまなアドバイスが受けられます。また、各市町村でもサポートが行われるようになりました。しかし、このようなサポートの存在を知らずに、利用していない保護者がとても多いのが現実です。保育者は、地域にどのような機関やサポートがあるのかを知っておくとよいでしょう。

Q9

男の子のAくんは女の子たちと人形で遊ぶことが好きで、ピンクを好みます。他の男の子からはからかわれてしまいます。

女の子みたい

お悩み

　Aくんは5歳の男の子です。クラスの男の子たちは、戦いごっこや身体を使った遊びが好きですが、Aくんは女の子たちと一緒に人形で遊ぶことを好み、いつも女の子と一緒に遊んでいます。また、好きな色を選ぶ際にも、ピンクを好み、まわりの男の子たちから、「Aくんは女の子みたい」とからかわれています。Aくんやまわりの男の子にどのように対応すればよいのでしょうか。

Aくんが好む状態を安心して選べる環境を作ることが大切

　男性と女性の大きく2つの性別に分けて性をとらえる考え方が長く使われてきましたが、実際には心と身体の性別が一致しないケースなど、一律に男性、女性の2つに分けることができないことが指摘されるようになってきました。具体的には、身体は男性であるけれども、心は男性として扱われることを嫌だと感じるケースなどです。このようなケースは、少数派であるため、「性的マイノリティ」と言われることがあります。女きょうだいが多い家庭で育ったために、男の子として生まれても、リボンやスカートに興味をもつケースもあるなど、育った環境に影響を受けることもありますが、そのような場合は集団生活をしているうちに、変化してきます。

　幼児期には、Aくんが性的マイノリティであると決めつける必要はありませんが、「Aくんは男の子だから」などと、性別によってどう行動するべきかを押し付ける対応はよくありません。「男の子なんだから」「女の子なんだから」という発言を保育者

が日常的にしていると、子どもたちにも「男の子はこうでなければならない」などの固定した価値観を植え付けてしまいます。

　「人形遊びは、男の子の遊び、女の子の遊びと決まっていない」こと、「誰もが遊びたいもので遊べばよい」こと、「色についても、男の子は何色を選ばなくてはならないという決まりはない」ことなどを子どもたちに一貫して伝えてください。

　Ａくんにも「好きな遊びをすればいい」「自分が好きな色を選べばいい」と伝え、Ａくんが好む状態を安心して選べる環境を作ることが大切です。

さらに 対 応 力 UP

保護者への支援が大切

　男の子を生んだと思ったのに、わが子がスカートを履きたがる、フリルのついた洋服を好む、ミニカーや身体を使った遊びではなく、人形遊びを好むなどの場合に、「自分の育て方が間違っていたのかしら」「なぜうちの子だけ」などと悩む保護者は多くいます。しかし、心と身体の性別が異なるのは、育てられ方のせいではありません。

　性には、「身体の性」「心の性」「恋愛対象の性」という３つのとらえ方があります。これらの性が多数派と異なる人をLGBTQ（L：レズビアン、G：ゲイ、B：バイセクシュアル、T：トランスジェンダー、Q：クエスチョニングを総称した言葉）と言います。成人の11人に1人ぐらいがLGBTQであると言われ、決して少ない数ではありません。また、成人に対する調査によると、LGBTQの人の多くが、小学校入学前には、何となく自分の心と身体の違いに気付いていたり、「男の子は…」などの性別を含む発言に違和感をもったりしていたと言われています。

　保護者にとって、わが子が性的マイノリティであることを受け入れることは容易ではありませんが、子どもにとっては、保護者からいつも「男の子なんだから」などと言われ続け、性の価値観を押しつけられれば、大きく苦しむことになります。思春期になって、自分は存在してはいけない人間だなどと否定することもあります。そうならないためにも、保護者が「あなたは、あなたの生きたいように生きればよい」と応援できるように、保護者の気持ちを受け止めつつも、子どもにとって生きやすい環境を家庭と園で作ることを考えてください。

Q10

Aちゃんは、普通の人には見えないものが見えるようで、時々「あそこにおじさんがいる」などと言います。しかし、保育者には何も見えません。

お悩み

　Aちゃんはホールに行くと、時々、誰もいない方向を指さして、「あそこにおじさんがいるよ」と言います。しかし、保育者もまわりの子どもたちにもおじさんの存在は見えません。ホールに行くたびにこのように言うので、保育者が「Aちゃん、おじさんなんていないよ。ウソはだめだよ」と注意したところ、まわりの子どもたちが「Aちゃんはウソつきだ」とからかうようになりました。その後、Aちゃんは口数が少なくなり、保育者にも友だちにもあまり話をしなくなってしまいました。

否定せずに受け止める

　周囲の大人からは見えない「もの」が見える子どもがいます。しかし、「見える」子どもは保育者から大人の気を引きたいためにお試し行動をしていると誤解され、叱られ続けたり、「気持ちの悪いことを言う子ども」として敬遠されてしまったりすることがあります。それを見聞きしていたまわりの子どもたちも同じように接するようになります。これによって、「見える」子どもは、「自分が話をするとみんなが笑う」「自分はウソをついていないのに、『ウソをついてはだめ！』と叱られてしまう」「自分の言うことを信じてもらえない」などと感じて、他者とコミュニケーションをとることに恐怖を感じたり、自分の発言に自信をもてなくなってしまったりすることがあります。

　大人の気を引くためにウソをつく子どもは、日常生活のいくつもの場面で大人の気を引くためのお試し行動をします。一方、大人には見えていないものが子どもには見えるという状況だけに問題が限定されているのであれば、お試し行動ではなく、この

子どもは「見える」子どもである可能性が高いと考えられます。

　Aちゃんが、普段、いくつもの場面でお試し行動をしていないのであれば、Aちゃんには周囲の人には見えない「もの」が見えていると考えてください。なお、幼児期の子どもは、自分が見えているものが他の人には見えていないことに気付きません。見たままを言葉にするのです。このような特性のある成人の女性によれば、「自分が見えているものの中には他の人には見えていないものがある」ことに気付いたのは小学校に入ってからだったそうです。見えているものを口にしたために、友だちとトラブルになったり、保育者や教師に叱られたりしたために、大きくなっても見たものを口にすることへの恐怖が続いていると言います。

　言葉にすれば叱られてしまう状況がくり返されると、発言することに恐怖を感じることになります。これを避けるために、「気のせいじゃない？」と言ったり、「気持ちの悪いことを言わないで」などと叱るのではなく、「Aちゃんにはそう見えたのね」などと子どもの発言を受け止めてください。

さらに対応力UP↗

子どもの話は聴くが、詮索してはダメ

　保育者には見えないものが見える子どもがいることを受け止め、そういうこともあると思えるようにする対応が求められます。しかし、子どもの話を理解しようとして、子どもから詳しく話を聞こうとすることもよくありません。

　自分が見たものを話し終えても、大人がさらにあれこれと深く聞こうとすれば、子どもは「大人が自分に興味をもってくれた」と思ってしまいます。そうすると、話を盛り上げるために、少しずつウソを交えて話すようになります。最初は、ウソを言うつもりがなかったとしても、どんどんエスカレートしてしまい、結果的にウソを話す子どもになってしまうことがあります。

　他の場面で、子どもはとくに何も見えていない状況であっても、「この前、先生やママが話を聞いてくれたから」という理由から、作話してしまうことがあります。これは、子どもがウソを言いやすい状況を大人が作ってしまっているのです。

Q11

Aくんは引っ越しで、転園をしてきましたが、なかなかまわりの子どもになじめません。

 お悩み

　4歳のAくんは、2か月前に遠くの町から引っ越しによる転園をしてきました。Aくんはおとなしい性格で、いまだにまわりの子どもたちになじめず、一人でぽつんと遊んでいる姿を見かけます。

無理に仲間に入れるのではなく、Aくんの遊びに他の友だちを少しずつ誘おう

　ただでさえ集団に入っていくことが苦手な子どもにとって、転園によって、すでに結束している集団に入ることは大きなストレスがかかることです。Aくんにとって、大勢の子どもたちが遊んでいる輪の中に入ることは、とても勇気がいります。その場合に、保育者が無理にAくんを輪の中に入るように誘っても、ためらいは大きいままです。

　まずは、仲間関係ができあがっている集団の中にAくんを入れようとするのではなく、Aくんが一人で遊んでいるところに保育者が入り、二人で遊びを発展させてから、そこに少人数の子どもを誘ってAくんと一緒に遊ぶように促していきます。保育者は、最初は遊びの仲介をしていても、徐々にそこから離れていき、保育者がいなくても、少人数であれば、Aくんが他の子どもと遊べるようにします。

　その状態でAくんがストレスなく遊べるようになったら、徐々に誘う友だちの人

数を増やしていくと、少しずつ子ども同士の輪が広がり、Aくんにとって負担なく、友だちの輪を広げていくことができます。

さらに 対 応 力 UP ↗

自閉症スペクトラムの傾向がある子どもが転園する際には大きな混乱がある

　自閉症スペクトラムの傾向のある子どもが転園した際には、定型発達の子ども（発達障害傾向がみられない子ども）以上に、大きく混乱します。なぜなら、自閉症スペクトラムの傾向がある子どもは、新しい環境になじむことに多くの時間がかかるからです。

　保育者もクラスの友だちも全員が知らない人です。それだけでなく、教室の場所もロッカーの位置もすべてが前の園の環境とは異なっています。とくに、自閉症スペクトラムの傾向がある子どもは、一度覚えたことを修正することが苦手です。そのため、前に通っていた園で覚えたルールを転園先のルールに修正して覚え直すことがなかなかできません。前の園でのやり方に固執してしまって、転園先の子どもたちにやり方が違うと指摘され、トラブルになることが多くあります。

　前に通っていた園との引継ぎをする際に、子どもに自閉症スペクトラムの傾向があることがわかったら、前の園が行っていたやり方を詳しく尋ね、取り入れられる内容があれば、それを取り入れてみると、子どもにとって安心した空間になりやすいです。また、子どもが転園する前に、転園先の園の写真や担任の写真、動画などを子どもにあらかじめ見せておくと、転園先に関して心構えができ、慣れるまでの負担が軽減されます。

今度行く園と、新しい先生だよ

Q12

Aちゃんは関西から東京に引っ越してきました。関西弁を話すAちゃんの言葉がめずらしく、まわりの子どもがからかってしまいました。

Aちゃんは関西から東京に引っ越してきました。両親ともに関西出身のため、Aちゃんは物心ついた頃から、意識をせずに関西弁を話していました。Aちゃんが何気なく話す言葉を転園先の子どもたちはめずらしく感じ、Aちゃんに対して、「へんな言葉」とからかってしまいました。

A 日本にはたくさんの方言があることを伝える

　子どもにとっては、自分が使っている言葉が「ふつう」であり、なじみがない言葉を「へんだ」と感じることがあります。まずは、子どもに、日本語の中にたくさんの方言があることを伝えてください。たとえば、人から何かをしてもらった時に何というかを子どもたちに尋ねます。関東に住んでいる子どもたちからは、「ありがとう」という言葉が多く出されることでしょう。その後、用意しておいた日本地図を子どもたちに見せ、子どもたちが住んでいる地域を指さし、みんなが住んでいるところは『ありがとう』と言う人が多いことを伝えます。その後、関西を指さして、「A ちゃんが引っ越しの前に住んでいたところは『おおきに』と言う人がいる」と話します。また、鳥取や島根の方を指して「この辺りは、『だんだん』と言う人がいる」こと、沖縄を指さして「『にへーでーびる』と言う人がいる」ことなどを伝えます。また、英語では「Thank you」と言うことも子どもたちに話します。このようにして、住んでいる場所によってさまざまな言葉があることを話してください。

そのうえで、自分たちが使っている言葉がよいもので、それ以外の言葉が悪いものではないこと、どの言葉も、人と人とが話をするときに大切にしてきたものであることを伝えます。Aちゃんの話す言葉を聞いて、めずらしく感じた子どもの気持ちを受け止めつつ、「へんな言葉」と言われたらAちゃんがどう思うかを考えさせます。

　ただし、方言によって、子ども同士の会話が通じないことがあります。その場合には、保育者が間に入り、方言を話す子どもが何を言いたかったのかを保育者が解釈し、伝えてください。時間が経てば、子ども同士で方言のまねをしたり、まねをされたりしながら言葉に慣れ、スムーズに会話ができるようになっているはずです。

　また、方言で書かれている絵本が多く出版されるようになってきました。たとえば、『ぽちぽちいこか』(マイク・セイラー　さく、ロバート・グロスマン　え、いまえよしとも　やく、偕成社)は、関西弁で書かれた絵本です。このように方言で書かれた絵本を日常の読み聞かせのなかで使用し、子どもたちがさまざまな方言に馴染みをもつように促すことも一つの方法です。

さらに 対応力 UP

支援を必要とする子どもであるかどうかを発見する1つの手がかり

　公認心理師である松本敏治氏は、『自閉症は津軽弁を話さない』(福村出版)を出版し、「自閉症スペクトラム傾向がある子どもは方言を話さない」という現象があることを研究しています。家族がその地域の方言を話す中で、自閉症スペクトラムの傾向がある子どもだけが標準語を話しているという家庭がかなりあるようです。

　定型発達の子どもは、家族間での親しい会話から自然に言葉を覚えていきます。そのため、家族が方言を話していれば、子どもも同じように方言を使います。しかし、自閉症スペクトラムの傾向のある子どもは、テレビやDVDを何度もくり返し見る中で、登場人物が使用している言葉をパターンとして覚えていき、使うようになっているということです。ただし、言葉の意味や状況を理解せずに使用していることが多くみられます。

　保育をする際に、支援を必要とする子どもかどうかを迷うことがあるかもしれませんが、「みんなが方言を話している地域で、その子どもだけが標準語を使用している」場合には、支援が必要な子どもかもしれないと考える手がかりになります。

**Aくんは、クラスの友だちから変なあだ名で呼ば
れるようになってしまい、本人はとても嫌がって
います。**

ちゅーた

お悩み

　Aくんは、ある絵本に登場するネズミに顔が似ていたことから、
クラスの子どもから「ちゅーた」とあだ名で呼ばれるようになって
しまいました。Aくんはネズミが好きなわけでもなく、「ちゅーた」
と呼ばれることを嫌がっています。

A からかいのあだ名をつけられた相手の気持ちを考えさせよう

　あだ名やニックネームは、相手への親しみや親近感を込めた「愛称」である場合もあれば、相手に対して軽い気持ちで意地悪な内容を含んで言ってしまう「からかい」になる場合もあります。どこからが愛称で、どこからがからかいであるのかについては、言われた方が嫌な気持ちになっていれば、からかいととらえます。とくに、身体的な特徴や性格を否定するような内容がふくまれている場合に、言われる方がはっきりと「嫌だ」と言わなくても、言っている方がそのことで笑っていたりするのであれば、間違いなくからかいです。

　Aくんも、ちゅーたと呼ばれることを嫌がっているので、からかいです。しかし、ちゅーたと呼んでいる子どもは、からかいの気持ちがあったとしても、Aくんに興味をもち、かかわろうとしていたことは確かです。そのため、最初から、あだ名をつけたことに対して注意するのではなく、「絵本をみて、Aくんのことを思い出したの

ね」「Aくんと遊びたかったのね」とあだ名をつけた子どもの気持ちをまずは受け止めてください。

　そのうえで、Aくんはちゅーたというあだ名で呼ばれることが好きではないことを伝え、自分も気に入らない名前で呼ばれたらどう思うかを考えさせてください。その子どもが、ちゅーたと呼ぶのをやめたら、「○○くんはAくんの気持ちを考えられて優しい子だね」とたくさんほめてください。

さらに 対 応 力 UP

あだ名で呼ばれた子どもへの対応

　自分が望まないあだ名をつけられた子どもには、あだ名で呼ぶ子どもに対して、「その名前で呼ばれるのは好きじゃないから、言わないで」ときっぱりと言うこと、それでも相手が言い続ける場合には、反応をしないことを教えてください。

　Aくんの場合にも、ちゅーたと呼ぶ友だちに対して、ちゅーたというあだ名が好きではないことを伝えなければ、相手はAくんが嫌がっていることに気付かずに、遊び半分で言い続ける可能性があります。

　また、Aくんがきっぱりと言えずに、とまどっている姿を見て、からかう様子がエスカレートすることがあります。早い段階で、Aくんが嫌なことは嫌だと相手に伝えることができれば、相手にはからかって楽しむ要素がなくなるため、言わなくなります。加えて、そのからかいの挑発にのらないようにすることも大切です。

　ただし、あだ名で呼ばれている最中のAくんは非常に嫌な思いをしていることがあります。あだ名で呼ぶ子どもに指導する一方で、Aくんに「嫌なことがあれば、先生にすぐに教えてね」と声をかけて、気にかけてあげてください。

おーい、ちゅーたちゅーた

・・・

Q14

外国人の両親をもつAちゃんは、日本に来てまだ数か月しか経っておらず、日本語がわかりません。Aちゃんが家庭で両親と話すときには、母国語を使っているようです。

お悩み

4歳児クラスに在籍しているAちゃんは、保護者の仕事の都合でミャンマーから日本にやってきました。日本語がわからず、不安そうな表情を浮かべることが多くあります。家庭のなかでは、両親と母国語で話しており、日本語を使うのは保育所のなかだけのようです。

A 言葉以外のコミュニケーションと他のコミュニケーション方法を組み合わせる

　外国語しか話せない子どもが入園した場合に、その国の言葉が話せる保育者がいればよいですが、そうしたケースばかりではありません。また、通訳のための支援員を派遣している市町村もありますが、日々の保育に入ってくれるわけではありません。園では、言葉だけに頼らないコミュニケーションの方法と、日本語を合わせて使います。コミュニケーションの方法には、ジェスチャー、スキンシップ、実物を見せる、絵カードを使うなど、さまざまあります。「○○くん」と名前を呼ぶだけでも「私はあなたに関心をもっているよ」と伝えるメッセージになります。

　また、初めて取り組む活動に子どもが参加する時には、他の子どもが取り組んでいる様子を見て、活動内容を理解してから活動に加わるというようにすることも一つの配慮の方法です。

　乳幼児期の子どもたちは、母国語・日本語にかかわらず、たくさんの言葉を聞いて、

語彙を増やしてそれを使っていく時期です。園に来て、まわりの子どもたちや保育者の言葉を聞いていると、次第に園のなかで使う言葉を理解できるようになります。ただし、他の子どもと同じようにしていればよいと考えて、ほったらかしでよいというわけではありません。毎日行う朝の会の流れや「貸して」「いいよ」「だめ」など短い言葉は理解できていても、製作の手順や遊びのルールなど、細かい説明が伝わりにくいことがあります。どこがどうわからないのかをうまく保育者に伝えることができず、わからないけれど「わかった」と言っていることもあります。わからないまま活動に参加するのは、不安なものです。子どもの様子を見てどこまで理解できているのかを確かめながら、説明がわかりにくかったかもしれない、と思ったときには見本を見せたり、他の子どもたちよりも細かく説明をしたりするなど気にかける必要があります。

さらに 対 応 力 UP

来日してしばらくたつけれど…日本語を話さなくても大丈夫？

来日したばかりであったり、家庭のなかでは母国語を使用している場合、外国籍の子どもたちはなかなか日本語を話さないことがあります。また、保育者が話しかけているのにあまり反応がなく、保育者は話していることが伝わっているかどうか不安になるかもしれません。子どもからあまり反応がなかったとしても、子どもたちは保育者やまわりの友だちの言葉をしっかり聞いています。保育者は、正しい日本語を使って、たくさん子どもに話しかけ続けてください。園に通っていると、子どもたちは日々の園生活やまわりの子どもとのやりとりを経験するなかで、園での生活に必要な言葉を身につけていきます。生活に必要な言葉を伝えるのは、保育者の役割です。

Q15

外国籍の両親をもつAちゃんのクラスの子どもが「Aちゃんは黒いね」と言いました。クラスの子どもに何と言えばよいのでしょうか。

A ちゃんは
黒いね

お悩み

　Aちゃんは肌の色が黒く、外見が他の子どもと違っています。そのことに気付いたまわりの子どもが、「Aちゃんは黒いね」と言いました。保育者はどのように答えてよいかわからず、「そんなこと言っちゃダメ！」と子どもたちに強く言ってしまいました。まわりの子どもたちは、保育者の様子に驚いた様子です。

違いに気付くのは当たり前の反応。子どもの言葉を否定せずに、いろいろな人がいることを伝えていく

　幼児期は、さまざまな違いや共通点に気付く時期です。自分と友だちの見ための違いや考えていることの違い、得意なことや苦手なことの違いに気付くことで、自分と他者は別の存在であることや違いがあってもよいことを学んでいきます。子どもから違いに関する発言がでることは当たり前のことであり、違いを意識することは、子どもの発達にとって欠かせないことなのです。

　保育者がその発言に驚いたり、過剰に反応して、「そんなこと言っちゃダメ！」と子どもの言葉を否定すると、子どもたちは、「肌の色については触れてはいけないのかな」と思ってしまいます。「そうだね、違うね」と子どもの発言を受け止め、「世界にはいろんな肌の色の人がいるんだよ」と伝えるとよいでしょう。さらに、「肌の色が違う」という点だけでなく、使う言葉が違う、着る服が違うなどさまざまな違いがあることを説明します。「世界にはいろんな肌の色の人がいるんだよ」と言葉で説明

いろんな肌の人が
いるんだよ

しても、子どもたちにはイメージしづらいことがあります。違うことを視覚的に伝えるために、肌の色が違う人形を置いている園もあります。また、絵本を使って違いを伝えることもできます。

多様性を伝える人形や絵本

　子どもたちが遊びに使う人形や絵本に、肌や目の色が違うものを取り入れることで、多様性を伝えていくことができます。たとえば、ままごと遊びに使う赤ちゃん人形には、さまざまな肌の色、目の色、髪の色のものがあります。また、バービー人形には、肌の色や目の色が違うだけでなく、車いすや義足の人形、白斑のある人形などさまざまな人形があります。

　『うさこちゃんとにーなちゃん』(ディック・ブルーナ　ぶん／え、まつおかきょうこ　やく、福音館書店)という絵本には、肌の色が違う「にーなちゃん」といううさぎが登場します。うさこちゃんは「あなたのいろ、とてもきれいね」と自然に受け入れます。短いお話なので、低年齢児から読むことができます。

『うさこちゃんとにーなちゃん』

Q16 Aちゃんの両親が離婚したあと、Aちゃんは保育者に過剰に甘えるようになってきました。

 お悩み

　Aちゃんの両親が離婚し、父親が家から出ていってしまいました。Aちゃんの父親はAちゃんをとてもかわいがっており、Aちゃんも父親が大好きでした。離婚後、Aちゃんは保育者の後ろをいつもついてまわったりするなど、過剰に甘えるようになってきました。

子どものペースで話を聞き、両親は離婚をしてもAちゃんのことが好きなことを伝える

　両親が離婚をして、どちらかの保護者が別居することになっても、子どもにとって両親はかけがえのない存在です。とくに、Aちゃんの場合、大好きな父親がいなくなってしまった寂しさはとても大きいものです。Aちゃんが寂しい気持ちを自分から言葉にした場合には、Aちゃんのペースでゆっくりと話を聞いてください。その時に、Aちゃんをひざに乗せたり、手を繋いだりして、スキンシップを図るようにしましょう。

　また、「どうして、パパはAちゃんのところからいなくなったの？」という発言があった場合にも、「パパとママは何かの理由で一緒に住めなくなってしまったと思うけれど、AちゃんのパパがAちゃんのことが大好きなことは、今も、この先もずっと変わらないよ」と言い続け、離れていても父親はAちゃんのことを思い続けていることを伝えてください。

　ただし、「パパはいつAちゃんに会いに来てくれるのかな？」というような答えにくい発言に対して、安易に「すぐに会いに来てくれるよ」などと答えると、そうなら

朝の会までは
そばにいていいよ

なかった場合に、子どもに期待を持たせた分だけ、より落ち込ませてしまうことになります。子どもには、「パパに会いたいのね」などと気持ちを代弁し、「そのことをママとお話ししてもいいかな？」などと母親と確認をするようにしてください。子どもからこのような質問があった時にどう伝えたらよいのかを保護者と事前に相談しておくとよいでしょう。

　Aちゃんが寂しそうにしながらも、気持ちを言葉にできない場合に、無理にAちゃんに言葉で気持ちを言わせようとしてはいけません。Aちゃんが自分から言いたくなるまでゆっくりと待とうと思ってください。以前よりも甘えるようになっても、「いつでも先生のところに来ていいよ」と、甘えさせてください。また、Aちゃんの気持ちが安定するまで、登園した際にはギュッと抱きしめて、「今日も元気に来てくれてありがとう」と伝えたり、普段より多めに声をかけたり、身体にふれ合うようなスキンシップをとることを心がけましょう。

さらに 対 応 力 UP

ひとり親家庭はめずらしくない

　ひとり親家庭は、年々、増加する傾向にあります。厚生労働省が行った調査によると、子どもがいる世帯のうちの約7％がひとり親家庭であり、そのうちの大半が離婚によるものとなっています。このように、ひとり親家庭は決してめずらしいケースではなくなっています。

　両親が離婚した直後には、子どもが不安や寂しさなどから、午睡時におねしょをするようになったり、頭痛や腹痛を起こしたり、急に怒りだしたり泣いたりするというように気持ちが不安定になることがあります。保育者にとって、子どものこのような状態を見ると、「かわいそう」と思うことがあるかもしれません。しかし、子どもは離婚後の新しい環境に慣れていけば、その状態は回復します。

　また、離婚によって両親のいさかいがなくなり、かえって子どもにとって安定した家庭環境を取り戻すことが多くあります。一概に「離婚はよくないこと」と思わず、一時的には子どもに負担がかかるけれども、子どもにはそれを乗り越えられる力があると信じ、子どもが不安定な時期には、ゆっくりと寄り添えばよいと思うようにしてください。

Q17 母の日のために、子どもたちがプレゼントを作ることになりましたが、母親のいないAくんにはどうしたらよいのでしょうか。

　Aくんの家は、母親がおらず、父親と祖父母と暮らしています。母の日が近づき、園では母の日のプレゼントを作ることになりました。Aくんには、プレゼントを作ろうと言葉をかけてもいいのか、Aくんにプレゼントを作らせてもよいのか、とても悩みます。

A　家族と事前に相談し、対応の仕方を考えておきましょう

　母の日、父の日、父親参観などのイベントを予定している場合には、事前に保護者と誰がどのように参加するかなどについて、相談をしておく必要があります。母の日のプレゼントを作る場合には、誰の顔を描くように子どもに話せばよいのかを話し合っておきます。たとえば、クラス全体に「お母さんやおばあちゃんの顔を描きましょう」と伝えたうえで、Aくんにも個別に「おばあちゃんの顔を描こうね」などと声をかけるようにします。あるいは、母親と限定せずに、全体に指示をする際にも、「家族の顔を描きましょう」と伝えることも一つの方法です。

　「お母さんの顔を描きましょう」と全体に伝え、Aくんにだけ「誰の顔を描いてもいいよ」などと指示をしても、Aくんはまわりの子どものことを意識して、存在しないお母さんの顔を描いて周囲の子どもから「Aくんの家にお母さんがいないのに…」などと言われ、トラブルになったり、Aくんの気持ちを傷つけてしまったりす

ることがあります。

　最近では、父親だけ、母親だけなど、どちらかの保護者だけが参加するイベントをすることをやめる園も増えてきました。さまざまな事情を抱える家庭が増えてきたため、保護者が参加するイベントについて園全体で見直すことが必要です。また、その際にも、イベントの名称を母親、父親に限定されないように（たとえば、「父親参観」という名称を「保護者参観」にするなど）気を付けなければなりません。

さらに 対応力 UP

子どもに伝える言葉に気をつけて

　保育者は、何気なく「お父さんやお母さんに伝えてね」と子どもたちに言うことがあります。しかし、ひとり親家庭で育った人たちから、子どもの頃はその言葉を聞くたびに、「うちにはお父さん（あるいは、お母さん）はいないけれど…」と思い、何となく自分は他の友だちと違うという劣等感を抱いていたという声をしばしば聞きます。「お父さんやお母さんに…」ではなく、「おうちの人に…」などと、誰にでもあてはまる表現を使うようにしてください。

　また、子どもが体調を崩して、職員室にいる担任以外の先生が対応することになった場合に、父子家庭の子どもにうっかり、「お母さんに迎えに来てもらおうね」などと言ってしまい、子どもが嫌な思いをすることがあります。園全体で子どもの家庭環境を把握しておくことはもちろんですが、日ごろの言葉遣いの中で、父親、母親を限定して使っていないか、保護者を表す言葉は適切であるのかを見直してみてください。

言葉遣いを見直そう

父親参観→保護者参観

お母さん→おうちの人

ひとり親③

Q18

Aちゃんは父子家庭です。お父さんが毎日Aちゃんの送り迎えに来ますが、日々の家事が得意ではないようで、疲れて暗い顔をしていることがよくあります。

お悩み

Aちゃんは、父親と2人で生活しています。Aちゃんの祖父母は、遠方に住んでおり、基本的に父親がすべてAちゃんの面倒を見ています。送り迎えはもちろんのこと、園で必要な持ち物を準備するなど、一生懸命にやろうとしています。しかし、日々の家事が得意ではないようで、送り迎えの際に、疲れた様子の父親をよく見かけます。

父親にねぎらいの言葉をかけるとともに、園でできることを伝えましょう

　ひとり親家庭では、周囲に頼る人がいないために孤独を感じていたり、仕事と家事を両立させることが大変であったり、経済的に余裕がなかったりするなどの問題を抱えていることが多くあります。とくに、Aちゃんの家庭のように父子家庭では、父親は家事が得意ではなく、疲れ切ってしまっているケースもあります。また、時間的な余裕がないために、「子どもに教えてあげたいことがあるけれど、無理だ」と思っているケースもあります。

　そのような家庭に対して、まずは保護者ががんばっていることについてのねぎらいの言葉をかけてください。たとえば、「Aちゃんは、この前、お父さんに公園に連れていってもらったことを喜んで教えてくれましたよ」「Aちゃんは、お父さんの作ってくれた目玉焼きがおいしいと言っていましたよ」など、保護者ががんばっていることを具体的に伝え、子どももそれを喜んでいると伝えます。

すごく
楽しかったって

また、園でも子どもに教えられることがたくさんあることを伝え、家庭だけでなく、園でも協力しながら子どもを育てていくので、頼ってほしいと話してください。たとえば、「はしの持ち方を毎日、給食で練習しますし、はしを使った遊びを取り入れていますので、はしの練習は、園に任せてください」「ボタンを留めたり、外したりすることは、着替えの際に、ゆっくり教えていきますから、任せてもらって大丈夫ですよ」などと伝えることによって、気持ちが楽になる保護者がたくさんいます。

　さらに、園から手提げ袋や上履き入れ、コップ袋などを準備するように求められるけれども、裁縫が得意でなく、困っている家庭も多くあります。必ずしも自作の必要はなく、既製品で構わないことを伝えてください。なお、最近はハンドメイドの商品を取り扱う店が増えています。インターネットでも購入できます。父子家庭の場合、そのような情報がなかなか入ってこないことから、そのような情報を伝えるだけでも父親の支援になります。

さらに 対 応 力 UP

気負い過ぎている保護者の負担を軽くする

　離婚後、保護者は一人で父親的な存在と母親的な存在の二役をこなそうと気負い過ぎるケースが多いです。一般的に、子どもは家庭内で父親、母親の両方の言動を見ながら、両親の行動をまねたり、考え方を身につけたりするなどの学習をしていきますが、保護者一人で両方の役割を担おうとすることは負担が大きいと言えます。

　一人で二役をこなさなくては…と気負い過ぎている保護者には、園を含めて、多くの人に協力を求めることをアドバイスしてみましょう。たとえば、母親と子どもだけで生活する家庭には、「園には、男の先生が何人もいますから、身体を使った遊びは任せてくださいね」と伝えたり、男性の職員がいる子育て支援センターに通うように勧めてみたり、祖父母や親せきの男性と子どもと積極的にかかわらせてみたりするなど、自分以外の人の協力を得られるようにすればよいことを伝え、保護者の肩の荷をおろせるようにしてください。

Q19

Aくんは両親がおらず、祖父母に育てられています。まわりの子どもたちが親と出かけたことなどを楽しそうに話してくれる時にどう配慮したらよいでしょうか。

お悩み

　Aくんは、幼い頃に両親を事故で亡くしたため、祖父母によって育てられています。祖父母はAくんをかわいがって育ててくれています。しかし、まわりの子どもたちが、両親と出かけたり、旅行に行ったりすることを話しているのをAくんが聞いたら、嫌な思いをするのではないかと思い、どう配慮したらよいのかに悩みます。

気を遣いすぎる必要はないが、寂しそうにしていたらその気持ちを受け止めよう

　両親のいない子どもに、他の子どもたちが「パパが…」「ママが…」と話すのを聞かせるのは、かわいそうだと思う保育者が多いことでしょう。両親のいない子どもにとって、まわりの子どもをうらやましいと思う気持ちは必ずあります。しかし、その子どもは、この先もずっと両親のいない状態で生きていき、親についての話題をせずに生活することはできません。そのため、Aくんの前で両親の話をしてはいけないというルールを作るというように、気を遣いすぎる必要はありません。

　ただし、寂しそうにしているAくんに対して、「Aくんにはおじいちゃんやおばあちゃんがいるから、寂しくないよ」「そんなことを言うと、おじいちゃんやおばあちゃんが悲しむよ」などと伝えるのはよくありません。子どもは寂しいという思いを人に伝えることに罪悪感をもったり、誰にも相談できないと感じてしまったりします。この場合は、「お友だちの話を聞いて、寂しくなっちゃったのね」などと受け止め、

寂しかったのね

「今まで、よく我慢できたね」「先生のところに来たくなったら、いつでも来ていいよ」と伝えて、甘えさせてください。

　また、周囲の子どもからＡくんの両親の話を聞かれたらどう答えるかについて、事前に祖父母と相談をしておく必要があります。ただし、周囲の子どもが興味本位でＡくんに両親のことを聞いてきたら、保育者はさりげなく話題を変えてください。Ａくんにも、まわりの子どもに聞かれた時に、言いたくなければ無理に言わなくてもいいことを事前に伝えておく必要があります。

さらに 対 応 力 UP ↗

祖父母が子どもを育てる際にもメリハリが大切

　両親が不在であったり、両親が忙しかったりするために祖父母が代わりに子どもを育てている場合に、祖父母が子どもを甘やかして育ててしまうことがあります。祖父母としては、子どもにかわいそうな思いをさせないようにとの思いがあるのでしょう。しかし、祖父母が子どもの行為を何でも許していたり、子どものやりたいようにさせていたりすると、子どもに物事の善悪を判断する力が育ちません。

　祖父母が子どもを甘やかして育てているようであれば、祖父母をねぎらったうえで、子どもにとって、よいこと、悪いことをはっきりと示し、悪いことをした場合には注意する、よいことをしたらほめるというメリハリが必要であることを話してください。

Q20

両親が離婚問題でもめているAちゃんは、現在、母親と一緒に生活しています。父親が迎えに来たときにAちゃんを父親に渡してよいのでしょうか。

お悩み

　Aちゃんの両親は、現在、離婚問題でもめています。父親は別居しており、現在、Aちゃんは母親と一緒に暮らしています。いつもは母親が迎えに来るのですが、今日は父親が迎えに来ました。「母親の承諾をもらっている」と言いますが、Aちゃんを父親に渡してよいのでしょうか。

事前に母親と子どもへの対応を相談しておくとともに、突然の出来事が生じたら、母親に必ず確認しよう

　いくらAちゃんの父親から「母親の承諾をもらっている」と言われても、その言葉をうのみにしてはいけません。「母親が熱を出したから、代わりに迎えに来た」と父親が迎えに来たけれど、すぐあとに母親がやってきて、父親がウソを言っていたことがわかるケースなどもあります。各家庭で、さまざまな事情があります。離婚問題でもめている最中は、父親にも親権があるとは言え、保育者が勝手に対応を判断してはいけません。すぐに母親に確認し、子どもを渡してよいのかどうかを相談してください。

　大切なのは、事前に保護者から離婚問題でもめている、離婚したなどの事情をを伝えてもらい、迎えには誰が来て、父親が迎えに来た場合にはどうしたらよいのかなどの情報を園全体で共有することです。たまたま担任がいない時に父親が迎えに来た場合、状況を知らなかった保育者がAちゃんを父親に渡してしまうことがあってはな

りません。とくに、父親の顔も母親の顔もその保育者がわかっていた場合に、疑うことなく、子どもを渡してしまうことになります。

　保護者に対して、何か事情があれば、なるべく早く相談してほしいと日ごろから伝えておくことが大切になります。

さらに 対 応 力 UP

子どもに配偶者の悪口を言うのは絶対にダメ

　離婚問題でもめている保護者の中には、自分の置かれた立場のつらさをわかってもらいたいために、一方の親が保育者に配偶者の悪口を言うことがあります。その場合に、保護者に同調して、「そんなことをする人は、ひどいですね」などと言ってしまうと、保護者は自分の味方を得たと思い、配偶者に「先生もあなたのことをひどい人だと言っていた」などと伝え、保育者が離婚問題に巻き込まれてしまうことがあります。そうならないために、「大変でしたね」「つらい思いをされたのですね」などと、その時の保護者の気持ちに寄り添う言葉がけをするにとどめ、つらい気持ちについては、うなずいて聞くだけにしておいてください。

　また、保護者が子どもに配偶者の悪口を言うことは、絶対にダメです。子どもにとっては、離婚をしても、大切な親です。その相手を否定する言葉を聞かされることによって、子どもは自分が両親から愛されて育ったと感じることができなくなってしまいます。また、将来的に、異性観に歪みが生じてしまうことにもなります。保護者に対して、「配偶者の悪口は、子どもには、言わないでくださいね」と伝えておきましょう。

Q21 Aくんの母親は、離婚後、子どものいる男性と再婚しました。Aくんは新しく父親になった人やその子どもになじめていないようです。

お悩み

　Aくんが2歳の時に両親は離婚しました。その後、Aくんが5歳になったときに、母親は、小学2年生の娘のいる男性と再婚しました。新しい父親はAくんをかわいがろうとしてくれますが、Aくんはなかなか新しい父親や小学2年生のお姉さんになじめていないようです。園にいる間は元気に遊んでいますが、家に帰る前に、とても暗い顔になります。

「がんばって」ではなく、「がんばっているね」と伝えて

　再婚などによって、血縁関係のない親子がいる家庭をステップファミリーと言います。日本では、結婚するカップルの4組のうちの1組が、どちらかが再婚になっており、ステップファミリーはこれからますます増えていくと言われています。Aくんの家庭も子どもがいるカップル同士の再婚となり、ステップファミリーです。

　知らない人と家族になり、一緒に生活することには、子どもは大きな不安を抱きます。Aくんにとって、新しい父親がいくら優しく接してくれても、どういう人なのかがわからず、不安な気持ちでしかありません。また、新しいきょうだいができることも、初めての体験であるため、大きな不安と恐怖を感じます。それに加えて、今まで、母親は自分だけのものだったのに、新しい父親や姉ができて、とられてしまったような気持ちにもなります。

　帰宅する時間が迫ってきた時には、「いつもがんばっているね」と伝え、送り出し

てください。ここで、「がんばって」と声をかけてはいけません。Aくんは、家庭に適応するのに、十分にがんばっています。

　また、Aくんの母親も、新しい家庭をうまく築くためにどうしたらよいのかに悩んでいることと思います。母親が保育者に愚痴を伝えたら、母親の気持ちをうなずいて聞き、受け止めてください。加えて、母親には、子どもが園の中でうまくできたこと、成長したこと、楽しそうにしていたことなどを具体的に伝えて、園で楽しく生活できていることを話してください。

さらに 対 応 力 UP↗

ステップファミリーはゆっくり家族になっていく

　ステップファミリーのそれぞれが家族になっていく過程には、それぞれの家族の気持ちがあり、さまざまな問題が立ちはだかるため、すぐにうまくいくものではありません。保護者にも、あせらずゆっくり家族になっていけばいいのではないかと伝え、つらい時には保育者に愚痴を言っても構わないと話してください。保育者が話を聞いてくれるだけで、保護者は大きな味方を得た気持ちになります。

　また、ステップファミリーを支援する団体が各地にあります。最近では、オンラインで相談を受け付けてくれる団体もあります。自分だけで解決しようとせず、まわりに頼ることも大切であると保護者に伝えてください。

いつでも相談に乗りますよ

Q22

Aちゃんの母親はシングルマザーでしたが、最近、新しくお付き合いする男性ができました。その男性と同居するようになってから、Aちゃんが性的なことを連想させるような遊びをするようになりました。

 お悩み

　Aちゃんの母親はシングルマザーでした。しかし、お付き合いする男性ができ、Aちゃんが5歳になる頃から、男性がAちゃんの家に同居するようになりました。その頃から、Aちゃんが男の子と隠れてキスをしたり、性的なことを連想させるような遊びをするようになりました。

さりげなく違う遊びに誘い、気持ちをそらそう

　母親にお付き合いする人ができると、子どもは自分と遊んでくれる男の人ができたといううれしさを感じる一方で、母親がその男性のことに夢中になっている場合に、自分のことをないがしろにされているような気がして、大きな悲しみと寂しさを感じます。加えて、同居をすることになると、今までの生活スタイルが変わり、不安ととまどいを強く抱きます。そのような時に、母親やそのパートナーの前では必死によい子を演じようとする子どもが少なくありません。母親に自分のことをもっと大切にしてほしいと願う思いと、自分に居場所がなくなったらどうしようという不安などが入り混じります。

　Aちゃんにとって、母親のパートナーとの同居が大きなストレスになっていないか、これまでと違う様子はないかをよく観察します。Aちゃんのストレスが強いようであれば、スキンシップを多く図り、園のなかで安心して過ごせる環境をつくるように心がけてください。

また、このような状況にいる子どもは、母親とパートナーの性的な場面を目撃して しまうことがあります。Ａちゃんのように、その行為が何となく性的なことで秘密 めいた行為であることを感じ取った場合に、大人が見ていないところでまねをしてし まうことがあります。

　Ａちゃんが性的なことを連想させるような遊びをしていることに気付いた場合に、 Ａちゃんに対して「そんな遊びをしてはいけません」などと注意することは逆効果 です。指摘をすることによって、かえって隠れてそのような遊びを続けてしまうこと になります。Ａちゃんがそのような遊びをしていることに気付いたら、さりげなく Ａちゃんに違う遊びをするように誘い、その遊びから気持ちをそらしてください。

さらに 対 応 力 UP ➚

子どもの変化に敏感になってください

　保護者が新しいパートナーと再婚したり、同棲したりする場合に、子どもの心理 面、身体面に変化がないかをそれまで以上によく観察する必要があります。子ども がパートナーと同居するのは、子どもの都合ではなく、保護者の都合です。同じ家 で生活を共にしていれば、性格が合わなかったり、うまくいかなかったりすること もたくさん出てきます。しかし、年齢の小さな子どもは「嫌だ」という気持ちを言 葉で表現することができず、腹痛や頭痛、おねしょなどの形で、身体に何らかの反 応が出てくることがあります。

　また、あってはならないことですが、パートナーによる子どもへの虐待がないと も限りません。子どもの背中、 足や腕の内側、頭部などに、不 自然な傷やあざはないか、子ど もの表情がそれまでと違うとこ ろはないか、子どもが急に怒り だしたり泣き出したりするなど の心が不安定な状況はないかな どを観察してください。

いつもと違うところは ないかな…？

Q23

Aくんは4歳まで児童養護施設で過ごし、その後、里親に育てられています。周囲の保護者が「あの子は施設で育った子」と噂をしていました。

お悩み

　Aくんの実の両親は、Aくんを育てることができなかったため、Aくんは4歳まで児童養護施設で生活してきました。里親は園に事情を説明したうえで、Aくんを入園させましたが、とくに周囲の保護者にAくんのことを伝えていませんでした。ある時、周囲の保護者が「Aくんは施設で育った子らしい」と噂をしていることに気付きました。

A 事前に周囲の保護者に何を理解してほしいか、子どもたちにどう話すかを里親と相談して考えておこう

　保護者から虐待を受けていたり、保護者に何らかの事情があって養育を受けられなかったりする場合に、保護者に代わって社会全体で子どもを養育することを社会的養護といいます。社会的養護の中には、乳児院や児童養護施設といった施設で子どもを養育するケースや、里親が家庭で子どもを養育するケースなどがあります。いずれも、子どもが実親のいる家庭に復帰するまで、あるいは原則18歳になるまでが養育期間になります。

　Aくんは実の両親の元に帰ったり、面会することがあるかもしれません。また、里親の実の子どもではありません。いくら里親がAくんを大切に育てていても、周囲から心無い言葉をかけられると、Aくんも里親も大きく傷つくことになります。そうならないために、周囲の保護者にどう伝えるか、周囲の子どもから質問があった場合にどのように話すかを事前に里親と相談しておく必要があります。Aくんの里

親には、保護者会などを利用して、クラスの子どもの保護者に対してAくんの話をしてもらうとよいでしょう。その際には、周囲の保護者にどのようなことを理解してほしいのか、もしそれぞれの家庭の子どもからAくんについて尋ねられたら、どう話してほしいかについての内容と表現の仕方を保育者と考えておきます。

さらに 対 応 力 UP

社会的養護を必要とする子ども

　日本で社会的養護を必要としている子どもは約4万5,000人です。かつては、社会的養護を必要とする子どもの多くが施設で生活していましたが、最近では、里親やファミリーホーム（5～6人の子どもが専門的な知識をもった養育者と生活する場）という、家庭と同様の環境で子どもが育てられることが増えてきました。その背景には、社会的養護を必要とする子どもに対して、特定の大人との継続的な愛着関係を形成すること、安定した生活を送ること、子どもたちのニーズに応じて生活が柔軟に営まれることなどの重要性が強く主張されたことにあります。

　社会的養護を必要とする子どものうち、実の保護者が健在しているのは8割以上です。しかし、現在は、社会的養護を必要とする理由が、保護者の経済的困窮、虐待、精神疾患、病気など、多様化、複雑化しています。とくに、精神疾患によるケースが最近、増えてきています。実親の家庭に子どもが戻れるようにするために、保護者への支援が行われていますが、社会が多様な問題を抱えている現在、なかなか難しい状況にあります。

Q24

近隣に児童養護施設があり、そこから何人かが園に通ってきています。その子どもたちが、まわりの子どもから、からかわれている様子を見てしまいました。

お悩み

　近隣に児童養護施設があります。そこから、毎年、数人の子どもが通園しています。子どもたちの中には、児童養護施設を「親と一緒に暮らせない子が住んでいる場所」と認識する子どもが増えてきました。次第に、児童養護施設から通園する子どもをからかう様子が見られるようになってしまいました。

毅然とした態度で、からかいを許さないことを伝える

　児童養護施設で生活する子どもも、近隣の幼稚園や認定こども園などを利用するケースが多くなりました。しかし、保護者の中にも、児童養護施設に対して偏見がある場合があり、そうした保護者の話を聞いた子どもが誤った認識をもっていることがあります。

　一方、児童養護施設に入所している子どもの中には、施設では職員がなかなか一人ずつに長い時間をかけて接することができないことから、園にいる間に保育者にお試し行動をしたり、保育者を独占しようとしてしまったりする子どもがいます。そのことが、他の子どもの保護者にとって、より偏見を強めてしまうことにつながっている可能性もあります。

　保護者に対しては、児童養護施設の職員に協力してもらい、施設について、どのように伝えたら理解してもらいやすいのかを相談したうえで、保護者会などで話をしていく必要があります。

また、児童養護施設から通っている子どもたちがからかわれている様子を見たら、「先生は、そういうからかいを許しません」と毅然とした態度で伝えてください。その後、子どもたちからからう行為がなくなったら、「先生との約束を守ってくれて、うれしい」などとほめてください。加えて、児童養護施設から通園する子どもたちがお試し行動などをしなくてもすむように、日常的に「あなたのことが大好きよ」と伝えたり、適切な行動をしている時にたくさんかかわりをもつような対応をしてください。

さらに 対応力 UP

虐待かなと思ったら

　全国の児童相談所で対応した児童虐待の件数は、毎年、増加傾向にあります。虐待には、身体的虐待、性的虐待、ネグレクト、心理的虐待があります。かつては、身体的虐待が最も多かったのですが、最近では子どもに「あなたなんか産まなければよかった」などの言葉を浴びせる、他のきょうだいと明らかに差をつけて育てるなどの心理的虐待が増えています。心理的虐待は、外傷が目で見て発見できるわけではなく、発見しにくいという問題があります。

　子どもに以下の状態が見られたら、虐待の可能性があるかもしれないと疑ってください。

- 表情が乏しく活気がない
- 衣服や身体が極端に汚い
- 理由もなく欠席をする
- 食事に異様な執着を見せる

　虐待かもしれないと思った場合には、ためらわずに児童相談所にすぐに連絡を取り、連携して子どもの状態を見守り、家庭環境を把握する必要があります。

Q25

Aくんは高価なおもちゃや持ち物を買ってもらい、まわりの子どもが持っていないことをばかにする素振りをします。

お悩み

　Aくんの家庭は、経済的に余裕があり、Aくんは高価なおもちゃやゲーム機、持ち物を買ってもらいます。また、年に数回、家族で外国に旅行に行くようです。他の子どもたちが、Aくんが持っているおもちゃやゲーム機を持っていないことを知ると、Aくんは「それも持っていないの？」とばかにする素振りをします。

所有している物で上下関係が生まれるわけではないことを伝える

　どの園にも、経済的に余裕のある家庭からそうでない家庭まで幅広くいるはずです。周囲の子どもたちにとっては、Aくんはいろいろなおもちゃやゲームを持っていてうらやましいと感じることでしょう。ただし、経済的に余裕がある家庭のすべてがAくんの家庭のように、子どもに多くのおもちゃやゲームなどを買い与えているわけではありません。各家庭には、それぞれの教育方針や考え方があります。各家庭がどのような生活をするのかについては、保育者が口をはさむことではありません。

　Aくんが持ち物について自慢をしている様子を見た場合には、「Aくんがそれを持っていることは、先生もうらやましいと思うけれど、持っていない家がダメということではないのよ」「それぞれの家で、どういうふうに生活していきたいかが違うの」「ほしいものや買いたいと思うものが違うの」などと伝え、所有している物が多いから偉いとか、持っていないからダメということではない、所有している物が多いか少

それぞれの家で
ほしいものが
違うのよ

ないか、高いかそうでないかによってひとに上下関係が生まれるわけではないことを
何度もくり返し話してください。

さらに 対応力 UP

日本における貧困問題

　貧困には、「絶対的貧困」と「相対的貧困」があります。絶対的貧困とは、必要
最低限の食べ物が手に入らない、家がないなど、生活を維持することが極めて難し
い状態を言います。一方、相対的貧困とは、その国の生活水準や文化的な水準を大
きく下回る状態を指します。日本において貧困と言われるのは、相対的貧困です。
日本では高校への進学率が 90％以上ですが、経済的な理由から高校への進学ができ
ない家庭は、相対的貧困と考えられます。

　日本は、先進国の中で相対的貧困率が非常に高いと言われています。つまり、相
対的貧困の家庭とそうでない家庭との間の所得に大きな格差が生じているのです。
また、その格差は、年々広がっています。なかでも、ひとり親家庭の約半数は相対
的に貧困であると言われています。とくに母子家庭では、子育てとの両立が難しい
ことから、正社員ではなく、非正規雇用で働かざるを得ず、収入を多く得られない
ケースがあります。

　貧困の家庭では、とくに食事面に問題が現れやすくなります。三食しっかりとる
ことが難しかったり、栄養バランスを考えた食事がとれなかったりします。最近で
は、子ども食堂が各地に増え、安価で栄養面も考えられた食事が提供されるように
なってきました。子ども食堂は、貧困対策だけではなく、地域の人が集まって交流
する意味もあります。社会資源をうまく活用し、子どもたちの育ちを支援できるよ
うにすることが大切です。

Q26

Aちゃんの家庭はあまり裕福ではありません。給食費など、園に払う費用を滞納することがよくあります。

お悩み

　Aちゃんの家庭は、あまり裕福ではありません。給食費など、毎月、支払わなければならないことがわかっている費用も滞納することが多くあります。また、なわとびや鍵盤ハーモニカなどの園で使用する用品を購入するように依頼しても、なかなか買ってもらうことができません。

事前に徴収日がいつであるのかを知らせる

　経済的に余裕がない家庭の中には、子どもにとって必要な費用であることはわかっていても、捻出するのが難しいケースがあるのは事実です。しかし、その家庭だけ費用を徴収しないわけにはいきません。保護者には、給食費や用品費などの費用をいつ徴収するのか、あるいはいつ引き落としがあるのかを事前に伝えておく必要があります。おそらく年度当初に、主だった費用の徴収日を伝えていると思いますが、日にちが経ってしまうと、忘れてしまう家庭もあります。Aちゃんの家庭のように、滞納してしまう家庭には、毎月初め頃に、「今月は○日が徴収日です」などと事前に伝えて、計画的にお金を残してもらうように意識してもらう必要があります。また、徴収日にお金を持ってくることができた場合には、保護者にねぎらいの言葉をかけ、徴収日に集められると助かると話しましょう。

　一人ひとりが使用するもので、どうしても購入してもらわなくてはならない場合に

は、「急な出費は大変だと思いますが」などの言葉をかけつつ、なぜ購入しなければならないのかの理由を説明し、請求をします。また、新品でなくても、中古を購入したり、知り合いから譲ってもらったりするものでもよいことを伝えてください。

さらに 対 応 力UP

生活が困窮している場合に、行政の窓口への相談を勧めよう

　働きたくても働く場所が見つからなかったり、子どもが小さいためにひとり親家庭で短時間の勤務しかできなかったり、家計のやりくりが難しく借金を作ってしまっていたりするなど、収入が上手く得られずに生活するうえで困窮する家庭は少なくありません。現在では生活困窮者自立支援法という法律が作られ、生活や仕事などに困っている家庭の相談に乗り、自立した生活を送れるように支援する事業が市町村で行われるようになりました。

　園で必要な費用の支払いが難しいほど生活が困窮している場合には、行政の窓口に相談をすることを勧めることも必要です。窓口は、各市町村で異なりますが、市役所や社会福祉協議会であることが多いです。専門家のサポートを得て、無理のない生活ができることが子どもにとって必要です。

Q27

Aくんの保護者は宗教活動に熱心で、園でもAくんにその宗教のやり方を取り入れてほしいと求めます。

お悩み

　Aくんの家庭は宗教活動に熱心で、子育てにおいても独自の子育て観を取り入れています。宗教上の理由から、園でのイベントでは子どもを欠席させたり、保育活動に自身の考え方を取り入れるように求めてきます。

保護者と相談し、どこまで対応でき、どこから対応できないかを話し合おう

　日本国憲法において、宗教の自由が保障されており、Ａくんの家庭に対してもその信条を尊重することが大切です。しかし、園の活動やイベントにおいて、Ａくんの保護者の意向をすべて受け入れるわけにはいきません。そこで、保護者と事前にどの部分は園として考慮できるけれども、どこからはできないなどの線引きをしておく必要があります。また、園として対応できない時に、子どもにどのようにしたらよいのかを相談しておきます。

　たとえば、クリスマス会に子どもを出席させることができないと保護者から言われた場合に、クリスマス会の全体の流れを説明したうえで、宗教色のない楽器演奏や劇を披露する部分だけ子どもが参加できるように提案することも一つです。また、サンタクロースが登場する部分については、子どもは保護者と別の部屋で待っているなど、参加しない時の対応も考えておきます。

　また、薬を飲むこと、けがの治療などに宗教上の禁止事項が含まれている場合があります。事前に保護者と打ち合わせておき、園全体でその情報を共有することはもちろんですが、子どもが園で病気やけがをした直後にも、保護者に連絡をして保護者の意向を確認することが大切です。

Q28

ひとり親家庭のAちゃん。保護者の仕事の都合で園を長期間休むことが頻繁にあります。

お悩み

Aちゃんは母親がおらず、父親はトラック運転手をしています。父親は一度家を出ると2週間帰ってきません。父親はAちゃんを一緒に連れて行ってしまうため、Aちゃんは長期間、園を休むことがよくあります。

A 子どもの様子と保育者が行っている対応について、こまめに伝える

　保護者の仕事だけでなく、下の子どもの里帰り出産や旅行など、さまざまな理由で長期間にわたって園を欠席する子どもがいます。保育者としては、生活リズムが乱れてしまう、行事の練習についていけないのではないか、休んでいる間に友だち同士の関係が変化してしまう、久しぶりに登園すると子どもが不安になって保護者と離れられないのではないか、など気になることが多いと思います。しかし、さまざまな背景の子どもがいる昨今では、毎日決まった時間に園に来ることを前提にして保育ができるわけではありません。こうした状況のなかにおける保育者の役割は、登園してきている子どもにとって、園にいる間、よい時間を過ごせるように援助することです。

　長期間の欠席が生じる場合には、欠席することによって起こる可能性のある心配事や、保育者の対応についてあらかじめ保護者に伝えます。

　たとえば、たくさん練習をして臨むダンスや合奏などがあるのであれば、練習に参加できない分、子どもが登園して練習についていけなかったり、「自分だけ、振付がわからない」「みんなと同じように演奏できない」という思いを持つかもしれません。こうした場合に、保育者は子どもの立ち位置を目立たない位置にしたり、複数の子どもが担当する楽器を割り当てたりと配慮する場合があります。そうした配慮をすることはあらかじめ説明しておきましょう。

　また、長期間休んでいる間に仲の良かった友だちが別の友だちと仲良くなってしま

い、子どもがさみしい思いをすることもあるかもしれません。こうした場合には、多くの保育者は子どもたちの仲立ちをして、一緒に遊ぶことを提案するなどフォローをしていることと思います。

　長期間欠席する場合のフォローの一環として、練習しているダンスや合奏の見本となる動画を見せたり、子どもたちがどんな活動をしているのかについて電話で子どもに伝えるといった方法があります。園の先生たちは子どものことを気にかけているんだということが子どもや保護者に伝わるようにしてください。

さらに 対 応 力 UP

子どもの生活リズムを整えるために

　夜勤があったり、勤務時間が深夜に及んだりと、不規則な勤務時間の仕事があります。そうした環境では、生活リズムが乱れやすくなってしまい、大人であっても体調を整えるのは大変です。不規則な勤務をしている保護者の家庭では、保護者の生活の影響を受けて、子どもも生活リズムが乱れやすくなってしまいます。大人の場合には、昼間に仮眠をとったりして体調を整えることができますが、子どもの場合には、そうはいきません。

　子どもの生活リズムを整えるためには、午前中の活動がポイントになります。人の体内時計は1日25時間になっていると言われています。放っておくと、1日1時間ずつ寝る時間がずれていき、夜更かしになってしまいます。それをリセットするために、朝起きたらカーテンを開けて、朝の光を浴びることや朝食をとること、午前中によく活動することが有効です。午前中に園に来て、たくさん遊ぶことが子どもの生活リズムを整えることにつながります。

Q29

今度入園することになったAちゃんの家庭は、両親とも、日本語があまりできません。保護者とどのようにコミュニケーションをとればよいのかが心配です。

　今度入園することになったAちゃんの家庭は、両親とも、数か月前に日本に来たばかりで、日本語があまりできません。保育所にもAちゃんの母国の言葉を話せる職員はいません。保護者とどのようにコミュニケーションをとればよいのかが心配です。

A 翻訳機を活用しよう

　外国籍の保護者とのコミュニケーションの際に、翻訳機を使う、ジェスチャーを用いる、実物を見せる、翻訳された資料を見せる、通訳のボランティアの人に来てもらうなどの方法があります。最近では、インターネットのホームページで無料でダウンロードできる資料（入園までの準備や園での生活の説明など）を提供しているページもあります。使えるものをうまく活用し、またこれらを組み合わせて（たとえば、実物を見せながら、翻訳機を使うなど）、保護者とコミュニケーションをします。

　翻訳機については、すでに使用した経験のある保育者もいることでしょう。しかし、翻訳機を購入して使ってみたけれど、意味が通じなかったり、操作に不慣れで活用できなかったという声があります。翻訳機を使用するときには、いくつか注意しなければならないことやコツがあります。ここでは、翻訳機をどのように使用すれば活用できるかを詳しく説明します。なお、翻訳のみの機能をもつ機械もありますが、スマートフォンやタブレットにアプリをダウンロードして使用することもできます。

● 一般的な名称で入力する

「上履き」「連絡帳」など、保育の場以外では伝わりにくい単語は、そのまま入力しても相手にうまく伝わらないことがあります。上履きであれば、まず「靴」であること、どんな靴かというと、「部屋のなかで履く靴」というように、一般的な単語を組み合わせて翻訳機に入力して、訳したものを保護者に見せたり伝えたりします。

● 短い文章にする

複数の文章が組み合わさっていると、うまく翻訳できません。文章を区切ったり、要約します。そのうえで一文を短くして翻訳機に入力します。

　　×「明日は運動会なので、9時に登園してほしいのですが、雨の場合には延期になる可能性があって、その際は8時までに一斉メールで連絡します」

　　○「明日は運動会です」「あなたと子どもたちは9時に保育所に来てください」「雨の場合は運動会が延期になるかもしれません」「延期になる場合は、保育園が8時までにメールを送ります」

● 主語と述語を入れた文章を入力する

文章を翻訳する場合は、「誰が」「何をした」というように主語と述語を入れて入力します。日本語の文章や話し言葉では、主語を省略してしまうことが多くあります。

　　×「おでこを机にぶつけて、腫れていたので、冷やしたら腫れが治まりました」

　　○「Aちゃんがおでこを机にぶつけました」「Aちゃんのおでこが腫れました」「私たち（保育者）が冷やすと、腫れが治まりました」

● 体言止めを避ける

体言止めの表現だと、何が動詞なのか、述語なのかがあいまいになってしまい、うまく翻訳できないケースがあります。「○○は、～です」というシンプルな形の文章にすると、うまく訳すことができます。

　　×「明日はクリスマス会！」

　　○「明日はクリスマス会です」

● あいまいな表現を避ける

日本語の表現には、「～はご遠慮ください」、「～にご協力ください」のように、あいまいな表現がたくさんあります。このような表現を翻訳すると、なにをすればよいのかがわかりにくくなってしまいます。「ご遠慮ください」であれば、「～はやめてください」、「～にご協力ください」であれば「～してください」のように、ストレートな表現に変えて翻訳機に入力します。

　　×「マスク着用にご協力ください」

○「マスクを着けてください」

さらに 対応 力 UP ↗

自治体の作成している資料を活用しよう

　簡単な外国語の単語や会話文などを掲載した「指差しコミュニケーションシート」を各自治体が作成している場合があります。コミュニケーションシートは観光に来る外国人に対応する商業施設向けに作成されたものも多いのですが、保育所や幼稚園向けに特化したシートを作成している自治体があります。自治体のホームページで閲覧できたり、ダウンロードできることも多いので、「コミュニケーションシート」「指さし会話」「指さしボード」などの言葉と自治体名で検索するとよいでしょう。

• 指さしコミュニケーションシート

　就学前の子どもに特化したコミュニケーションシートとして、神戸市が作成している「就学前児童施設のための指さしコミュニケーションシート」があります。入園時の説明、日々の保育の際の連絡事項、体調不良時の対応に役立つ内容になっています。英語、中国語、ベトナム語の3か国語分が作成されており、ダウンロードができます。イラストが豊富で、園生活をイメージしやすいものとなっています（次頁参照）。

　https://www.city.kobe.lg.jp/a36812/kosodate/shien/shinseido/shorui/pamphlet.html

• 外国籍の保護者向けの入園のしおり

　公益財団法人かながわ国際交流財団では、「外国につながる親子のための入園のしおり〜保育園での生活や持ちものについて〜」という資料を発行しています。入園のしおり、薬を預かるときの注意事項など園での生活に欠かせない情報が外国人保護者向けに書かれています。ワードファイルがダウンロードでき、各園の状態に合わせて、内容を書き換えることができます。英語・中国語・タガログ語・ポルトガル語・スペイン語・ベトナム語・ラオス語・カンボジア語・日本語と、多くの言語で作成されています（すべての言語に日本語も併記されています）。

　http://www.kifjp.org/child/supporters#hoiku

神戸市作成の「指さしコミュニケーションシート」

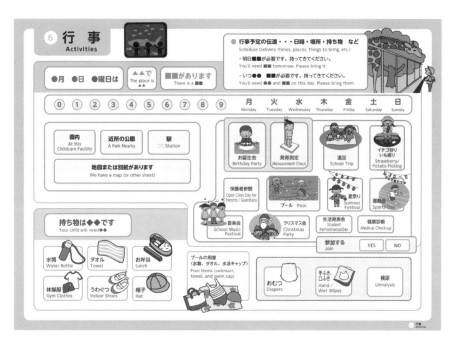

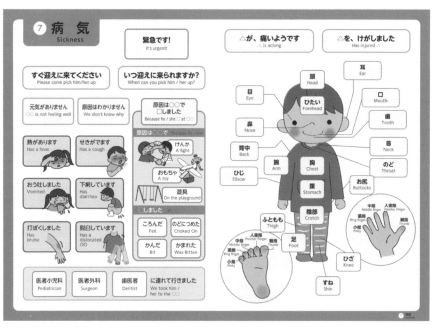

Q30

海外から来日し、入園した4歳のAちゃん。イスラム教徒であるため、食事に制限があります。

お悩み

園で提供する給食やおやつについて「豚肉を食べさせないでほしい」、「調味料はハラール認証のものを使用してほしい」、「食器はハラール専用のものを用意して、他の子どもと分けてほしい」と保護者から要望がありました。

A 保護者と献立表を見ながら具体的に相談する

　宗教によって、食べられるものに制限がある場合があります。イスラム教の場合には、豚肉、アルコールを除いたハラールフードを食べます。食事を作るときに使う調味料もハラール認証のものを使い、それ以外のものは使いません。具体的には、みりん、料理酒、味噌、醤油、ゼラチンなどの調味料は使わない、揚げ油はハラールでない食材を揚げていないものを使うなどの要望があります。また、食器や調理場所などをイスラム教徒とそれ以外の人と分けるべきとされています。どこまで厳密に除去や配慮をするべきかは、信仰の度合いによって異なります。

　基本的な対応としては、宗教や主義(菜食主義など)による制限はできる限り尊重します。保育所の献立表を保護者に見てもらい、食べられないものや、どのような配慮を望むのかを具体的に確認します。ただし、多くの子どもの給食を作る保育所の調理室では、できることとそうでないことがあります。例えば、ハラールフードと通常の給食を作る調理の場所を分けることは難しいでしょう。対応することが難しいこと

は何か、なぜ難しいのかを保護者に説明して、園で提供することが難しいメニューの場合には、家庭から食事を持参してもらうようにします。

さらに 対応力 UP↗

宗教や主義による食事の制限について

　イスラム教以外にも、宗教の教えに基づいて、処理をしたり認定されたりした食材で作った食事をとるケースがあります。例えば、ヒンドゥー教の場合は、基本的には肉類、魚介類が食べられないとされています。ユダヤ教の場合にはコーシャミールというユダヤ教で認められた清浄な食材を使った食事をとります。肉のなかでも牛肉は食べられるけれど、豚肉は食べてはいけないといった食材そのものに対するきまりがあったり、肉と魚・肉と乳製品を同時にとらないなど食材の組み合わせの制限があったりします。

　また、宗教だけでなく、菜食主義など、その家庭の考え方によって食べられないものがあるケースがあります。菜食主義のなかでも、卵や乳製品も食べずに植物性の食品のみを食べるビーガンの人もいれば、卵・乳製品は食べるラクト・オボ・ベジタリアンの人もいる、同じイスラム教徒であっても食事の制限の度合いが違うというように、制限の内容は様々です。相談の際は、できるだけ具体的に話を聞きましょう。

Q31

今日は月に1度のお弁当の日です。母親が外国籍であるAちゃんが持ってきたお弁当箱をあけると、中身はクッキーだけで、保育者は驚いてしまいました。

明日は
お弁当です

はい

みてー！

クッキーだけ？

お悩み

　園では月に1度、お弁当の日があります。母親が外国籍であるAちゃんも忘れずにお弁当を持ってきました。しかし、お弁当の中身を見ると、クッキーだけがぎっしり入っており、その他は何も入っていませんでした。Aちゃんの母親にどのように伝えたらよいでしょうか。

お弁当の中身が具体的にイメージできるように写真などを見せるとともに、園のルールと合わせて相談しよう

　外国籍の保護者の中には、お弁当に何を持って行けばよいのかがわからず、悩むケースが多いようです。家庭から持参するお弁当の中身は、国によって大きく異なります。お弁当として、クッキーやスナック菓子を持っていくことが普通という国もあれば、冷たい食事を持っていくことはしない国や、家に食べに帰ることが普通であり、お弁当そのものを作る習慣がない国もあります。お弁当の中身をイメージしてもらうために、これまでに子どもたちがもってきたお弁当の写真を見せるなどをして、具体的に伝えましょう。ただし、保護者自身にインターネットで日本の幼児向けのお弁当を検索するように伝えたところ、キャラ弁などの手が込んでいる写真ばかりが出てきて、保護者は何を入れればよいのかがわからずにかえって混乱してしまったということがあります。また、おにぎりを入れるようにアドバイスしたら、保護者はおに

ぎりの作り方がわからずに、困ったということもあります。作り方がわからずに教えてほしいと言う保護者には、簡単な作り方が載っているホームページや本を紹介すると役立ちます。

　また、日本ではお弁当とは多少、違う中身であっても、文化として受け入れることが大切です。たとえば、韓国籍の保護者の子どもが持参するお弁当がのり巻きだけであっても、「おかずも入れてください」などと言う必要はありません。ただし、園のルールで禁止していることを保護者が母国では普通であったと言う場合には、文化として受け入れるかどうかは保護者と話し合う必要があります。たとえば、園のルールで、子どもが持参してよい飲み物をお茶あるいはお水に限定しているにもかかわらず、保護者がジュースや乳酸菌飲料を子どもに持たせるという場合です。保護者の育った国ではどうしているのか、保護者自身はどうしたいかを確認したうえで、園のルールを伝え、何は良いけれども、何はダメかを決めます。たとえば、ジュースを持ってきてはいけないけれども、一口で食べられるフルーツゼリーを持ってくるのは良いなどです。

さらに 対 応 力 UP

増加する外国籍の子ども

　近年、外国にルーツを持つ子どもが入園する機会が増えてきました。両親ともに外国籍で、子ども自身も外国籍のケースもあれば、お父さんは日本人でお母さんは外国籍、子どもは日本国籍であるケースもあります。こうした子どもたちは、外国籍の子ども、外国にルーツを持つ子ども、ハーフ、ダブル、日系人、移民などと呼ばれています。

　また、子どもたちの言葉の習得状況もさまざまです。海外で育ち、日本語が話せない状態で入園する子どももいれば、保護者は全く日本語がわからないけれど、子どものほうが先に日本語を覚えて、保護者と保育者の間で通訳をしているケースもあります。

　最近の特徴として、散住(さまざまな地域にばらばらに住む)のケースが増えていることが挙げられます。これまでは、特定の地域に特定の国の人が多く住み、コミュニティを形成しているケースが主でした。そうした地域では、同じ園に子どもを通わせている同じ国籍の人同士で通訳をして助け合っていましたが、散住が進んだことで、多様な国の人が、まわりに知り合いのいない状態で入園するケースが増えています。

外国籍のAちゃんの保護者に、保護者も運動会に参加してほしいと伝えたところ、保護者が参加するものとは知らず、予定が入っていると言われました。

お悩み

　もうすぐ園では運動会があり、子どもたちは運動会に向けて練習をしています。外国籍のAちゃんの保護者に「運動会には、保護者にも参加してほしい」と伝えました。しかし、Aちゃんの保護者の母国では子どもたちがスポーツをするスポーツデーはあっても、そこに保護者は参加しないことから、予定を入れていたようでした。

A 行事に参加してほしいことだけでなく、行事のねらいについても伝える

　日本では、運動会や発表会など、保護者が子どもの様子を見に来たり、保護者も参加する行事がありますが、そうした行事がないという国があります。

　まずは、保護者にも行事に参加してほしいことと、保護者がその行事で何をするのかを伝えてください。保護者と子どもが一緒に競技をするという園の場合は、保護者が子どもたちと一緒に競技に参加する時間があることや、一緒に楽しんでほしいことを伝えます。また、競技に参加する場合の服装を具体的に説明します。

　運動会を実施する際、保育者はさまざまな保育のねらいを持って行事の計画を立てます。たとえば、運動を楽しむこともねらいの一つになります。また、一つの目標に向かってまわりの友だちと協力することやがんばっている友だちを応援する気持ちをもつことなどをねらいにしている園もあります。保護者が子どもの成長を実感するなど、保護者を意識したねらいもあります。さらに、運動会や発表会など、子どもたち自身も保護者や観客に見てもらうこと、一つの目標に向かってがんばるという意識をもって取り組むことがあります。

　保護者には、こうしたねらいをもって運動会を実施していることや、子どもたちのがんばる様子を伝え、なぜ行事に参加してほしいのかを伝えます。子どもががんばっている様子を見てほしい、行事までに一生懸命に練習をして、保護者に見てもらうことを楽しみにしている、など子どもたちの気持ちも伝えます。

Q33

外国籍の保護者の家庭のAちゃんは連絡もなく休むことが多く、登園する場合は、朝の会が終わるころにようやく来る感じです。

お悩み

　園ではもうすぐ作品展があり、子どもたちはクラスで一つの作品を作ろうと、がんばっています。外国籍のＡちゃんは、園に連絡なく休んだり、登園時間が遅かったりするため、活動になかなか取り組めていません。

遅れる理由を確認し、休まずに決まった時間に来てほしい理由をていねいに伝える

　まずは、どうして遅れてしまうのかの理由を確認します。例えば、登園時間がお祈りの時間と重なってしまい、遅れているなどやむをえない理由があるかもしれません。

　登園の時間に遅れてしまうと、登園したころにはみんながすでに活動を終えていて、集団での活動に参加できなくなってしまうことがあります。日本の保育所、幼稚園では、友だちや保育者と一緒に同じ活動に取り組み、お互いの気持ちを共有することや、運動会や発表会など一つの目標に向かって協力して取り組み、達成感を得ることを重視しています。保育者が園の活動を通じてどのような力を身につけてほしいと思っているのかを保護者にていねいに説明することが必要です。

　生活のリズムが乱れることも考えられます。夜寝るのが遅く、朝起きられない状態が続くと、子どもの体調にとってよくないことに加えて、小学校以降の生活に適応しにくくなることが考えられます。小学校以降の生活では、登校する時間が決まっており、子どもたちはそれに合わせる必要があります。海外では、小学校の授業が始まる時間が遅い国があったり、小学校の授業は午前中まで、というように日本とは大きく異なるスケジュールの国もあります。日本の小学校での生活についても説明して、就学後の生活のイメージをもってもらうようにします。

Q34

スキンシップをとろうと、Aちゃんの頭をなでたら、外国籍の保護者から激しく抗議をうけました。

頭をなでるなんて
どういうことですか

お悩み

初めて一人で着替えができたAちゃん。「よくできたね」と保育者はAちゃんの頭をなで、ほめました。子どもを迎えに来ていたスリランカ出身の保護者がその様子を目にしたようです。保護者は、とても怒った様子で「頭をなでるなんてどういうことですか！」と保育者に訴えます。

A 入園の時に、してはいけないことを確認しておく

　日本では当たり前のことであっても、外国籍の人から見るとタブーとなる言動があります。

　タイやスリランカなどでは、子どもの頭は神が宿る神聖な場所なので、触れてはいけないという宗教的な決まりがあります。その他の国や宗教でも、保護者以外が子どもの頭をなでることをタブーと考えることがあります。そのため、頭をなでたことで、Aちゃんの保護者は怒ってしまいました。

　日本では乳幼児期には、愛着形成や愛情を伝える手段として、子どもの身体に触れることがよくあります。しかし、この度合いは宗教や文化によって異なります。外国籍の人や異なる宗教の人の入園が決まった場合には、宗教的にしてはいけないことはないか、必ず確認しておきます。コミュニケーションや身体に触れること、服装に関して、確認したほうがよいのは、水泳や運動時の服装、シャワーや沐浴の可否、着替える場所、してはいけないしぐさなどが挙げられます。

運動や水泳の時に、半袖、半ズボンの体操服や水着の着用は、露出が多いと考えられ、参加させたくないと言われるケースがあります。このようなトラブルを防ぐため、保育者は保護者の考えをよく聞いてから活動を行う必要があります。

　暑い時期でも、長袖、長ズボンの体操服を着たいと希望する人もいます。この場合には、園の指定の長袖、長ズボンの体操服で構わないのか、園指定の半袖の下に薄手のシャツを着るなどの対応をするのかなどを確認します。

　着替えについては、肌を見せることに対する考え方が日本とは大きく異なる国があります。日本では保育室の中で着替えることは当たり前のように行われていますが、小さい年齢の子どもであっても、着替えなどの際に身体を人に見せることに強い抵抗を感じる文化もありますので、別室で着替えをすることを求める保護者もいます。園で、着替えのための部屋を用意することは現実的には難しいので、段ボールなどで作ったパーテーションを使うなどの方法があります。

さらに 対 応 力 UP

タブーとされる言動を避けるために

　国や文化が異なると、タブーとされることが異なります。入園時に確認することとして、食事の制限、園外保育の時にしてはいけないこと（神社や仏閣にいってもよいか）、行事に関すること（クリスマス会や七夕など宗教色のある行事に参加してよいか）などがあります。日本の保育所・幼稚園の生活や行事のイメージが持ちにくい保護者も多いので、行事の時の写真や入園案内のパンフレットなどを活用しながら説明するとよいでしょう。

クリスマス会は
だいじょうぶかな？

Q35

海外から来日して入園する予定のAちゃん。両親が予防接種を受けることに消極的で、受けていない予防接種がたくさんあります。

予防接種は
受けていませんか？

NO!

Aちゃんの入園に際して、これまでに受けた予防接種について確認したところ、ほとんどの予防接種を受けていないことがわかりました。入園する場合には、予防接種を受けた方がよいことを説明しても、Aちゃんの保護者は予防接種を受けることに否定的な様子です。

A 集団生活をするためには予防接種が必要であることをくり返し伝える

　予防接種については、外国籍の保護者に限らず、日本の保護者のなかにもさまざまな考えをもつ人がいます。「ワクチン接種によって病気になる」「副反応がこわい」といった理由でワクチン接種をしない人がいます。確かに予防接種には副反応があり、リスクはないとは言えません。しかし、現在では予防接種をしないことのデメリットの方が大きいと考えられます。自分自身を守ること、相手を守ることという二つの側面から、予防接種が勧奨されています。保護者に予防接種を強要することはできませんが、小さい子どもがたくさん集まって生活をする場では、感染症が流行しやすい状況になります。我が子だけの問題ではないこと、まわりの子どもに感染を広げないために予防接種をしてほしいことを園から伝える必要があります。

　また、とにかく「接種してください」と言っても聞き入れてもらえないケースも多いことと思います。厚生労働省や小児科学会の出す資料など、正確な根拠をもとに接種を勧める必要があります。

　日本小児科学会が保護者に向けた予防接種に関する資料を出しています。このまま印刷して保護者に配布することができます。

- 日本小児科学会「知っておきたいわくちん情報」
  http://www.jpeds.or.jp/modules/activity/index.php?content_id=263
  （2018 年発行の最新版です。年や感染症の流行状況によって、必要な予防接種は変更になることがあるため、必ず厚生労働省や日本小児科学会のページを参照のこと）

自分自身を守ること
相手を守ること

Q36

登園してきたAちゃんの身体が赤くなっています。保護者（両親とも外国籍）に事情を聞くと「昨晩熱があったからこすった」とのことです。

背中

えっ？

 お悩み

　Aちゃんの家庭はインドネシア出身です。保育者がお昼寝前に着替えをしているAちゃんの背中を見ると、赤く脹れています。驚いた保育者が保護者に電話をすると、「熱が出たからコインでこすった」と話します。Aちゃんの両親の母国では、よく実施される民間療法だということです。

A 病気への対処方法は国によってさまざま。基本的には見守る

　日本でも、「風邪のときには首にネギをまいて治す」など、病気のときの対応には、さまざまな民間療法があります。これと同じように、海外でも体調不良時には、さまざまな民間療法を使ったり、その国では当たり前の方法で治そうとします。Aちゃんの保護者の出身地であるインドネシアだけでなくカンボジア、ベトナムなどでは、熱が出たときにコインで背中をこすって内出血させて、熱を下げる方法があります。この方法は広く普及しており、風邪で熱があるときに家庭で行われているようです。ドイツを中心としたヨーロッパ圏では病気のときでもあまり薬は使わず、ハーブティーを飲んで治す、ブラジルではけがの傷口にコーヒーの粉をかけて出血を止める、インドではやけどや切り傷にターメリックを塗る、ロシアではやけどや切り傷にはちみつを塗るなど、さまざまな民間療法があります。

　こうした治療方法を目にした場合には、保護者に事情を聞き、日本とは異なる方法であっても衛生的に問題がなく、園生活に支障が見られなければ、そのやり方を尊重します。身体に悪影響があるかどうかについて判断がつかない場合には、嘱託医に意見を求め、身体に悪影響がある場合には止める必要があります。また、日本で今後も生活していく子どもの場合には、小学校以降の生活のことも考えて、日本で一般的に行われている治療方法を伝えていきます。

Q37　Aちゃんの両親には知的障害があり、なかなか連絡事項が伝わりません。

 お悩み

　Aちゃんの両親には、知的障害があります。普段の送迎や、朝の支度など決まったことには問題がないのですが、「37.5度の熱があります」と電話をしても、「どうしたらよいのかわからなかった」といって迎えに来なかったり、園だよりに記載した、「○日までに、就労証明書を提出する」といった連絡事項を理解しておらず、期日になっても提出がなかったりと、連絡事項が伝わらないことがよくあります。

連絡の内容を分けて、連絡の方法を検討する

　重要な連絡事項については、祖父母や保健師、保護者のサポートをしてくれる人に支援を要請します。保護者に対しては、連絡する内容によって、連絡方法を変えます。

● けがや病気などの体調不良

　入園時や年度当初に連絡方法を確認しておきます。たとえば、迎えが必要な場合には「緊急です。すぐに迎えに来てください」と言ったら、仕事を中断しても迎えに来るというように、保護者が何をすればよいのかまで伝えます。

● 提出書類

　就労証明書や保育時間の変更に関わる書類など、重要な提出書類に関しては、書類の記入見本を示して提出後に確認をしたり、口頭で説明を加える、一緒に書類に記入するといった支援が必要です。両親とも知的障害がある場合には、生活の支援をしてもらうために、ヘルパー制度を利用していたり、保健師などが支援に関わっている場合があります。こうしたキーパーソンとなる人がいる場合には、その人に確認を依頼します。

● 行事等に関する連絡

　行事の出欠確認や行事に必要な持ち物などの連絡に関しては、クラスだよりなどに記載することが多いと思います。おたよりを手渡しして、保育者からも口頭で伝えます。持ち物などがある場合は見本を見せ、スマートフォンなどで写真を撮ってもらってもよいでしょう。出欠確認など、渡したその場で書いてもらえる状況であれば、その場で書いてもらうのも一つの方法です。

● 日々の保育に関する連絡

　着替えがなくなったので持ってきてほしいなど、日々の保育に関する連絡については、保育者から口頭で伝えることに合わせてメモなどで視覚的にわかるように示します。

Q38

Aちゃんの両親は、ともに聴覚障害があります。保育者と一対一で話すときには、問題なくコミュニケーションがとれていますが、園生活ではどのような配慮が必要でしょうか。

お悩み

今度入園するAちゃんの両親には、聴覚障害があると聞いています。懇談会や遠足などの際には配慮が必要だと思うのですが、これまで聴覚障害の人に接した経験がなく、どのように配慮すればよいのかがわかりません。

集団で話すときにはとくに配慮が必要。本人にとって伝わりやすいコミュニケーションの方法を確認する

　聴覚障害がある場合には、口の形を見て話している内容を把握する「口話」、「筆談」、「手話」などのコミュニケーション方法を組み合わせて使います。人によってどのようなコミュニケーション方法がよいのかが異なるため、保護者にとってわかりやすいコミュニケーションの取り方を入園時に確認します。

　基本的に、持ち物や時間などの重要な内容は筆談を用いて伝えます。筆談の際には、短く書く、具体的に書く、まわりくどい表現を避ける、難しい言葉を使わない、横書きで書くなどの点に気を付けます。

　話をするときには、話している人の口元が見えるようにして、ゆっくり、はっきり話します。感染症対策として、保育者がマスクを着けることがあるかもしれませんが、マスクをしていると口の形が見えず、話していることがわからなくなります。保護者に対応する際にはマスクを外して口元が見えるようにします。マスクを外すことが難

しい場合には、フェイスシールドを使用します。

　入園説明会など、ホールに複数の人が集まって話すときや、マイクを通じて話すときには、補聴器を着けていても聞き取りにくい場合があります。全体に連絡事項を伝えた後に、個別に声をかけて不明点がないかを確認したり、事前に書面を用意しておき、できるだけそれに基づいて話すようにします。

　運動会などの行事で保護者が参加する競技があったり、保育参観などで子どもと一緒に製作をするといった場合に、保育者が全体に向けて話していることが伝わりにくいことがあります。見本を見せたり、個別にやり方やルールを伝える、あらかじめ実施する内容を伝えておくことも一つの方法です。

　懇談会の際には、まわりの人が何を話しているのかわからなくて不安になることがあります。何について話しているのかがわかるように、その日に話す内容を黒板や紙に書いて、それを見ながら話すようにすると安心できます。可能であれば、話した内容をまとめたメモを保護者に渡すと、どのような話し合いがあったのかわかります。また、最近では、手話通訳や音訳筆記のボランティアの派遣事業を行う地域が増えてきました。イベントの際に利用することも一つの方法です。

　日常の連絡については、メモや連絡帳を活用します。最近では、園からの連絡をメールで配信したり、連絡帳をアプリで見られるようにしている園も増えてきました。メールや LINE などのアプリなども有効な連絡方法です。

保護者の障害③

Q39

Aちゃんの母親は、重い精神疾患を患っています。Aちゃんのことを話すと、母親が暗い表情になってしまいます。

お悩み

　Aちゃんの母親は長く重い精神疾患を患っており、いつも暗い表情をしています。Aちゃんのことについて母親に話すと、さらに暗い表情になってしまいます。母親にAちゃんのことを伝えない方がよいのでしょうか。

保護者に伝えなくてはならない内容の程度を3段階に分け、保護者の状態に応じて伝える内容を変える

　精神疾患のある保護者の中には、自分がきちんとしつけをしていなかったために子どもに問題が生じたと考え、自分を責めてしまう人がいます。しかし、精神疾患のある保護者を「落ち込ませてはいけない」と考えて、子どもの問題を何も指摘しないのはよくありません。保育者以外からその情報が保護者の耳に入ると、「先生は私がちゃんとしていないから、話してくれなかった」などと考え、より落ち込ませてしまいます。

　そこで、保護者に伝えなくてはならない内容の程度を「絶対に伝えるべき内容」「できれば伝えた方がよい内容」「当面、伝えなくても支障がない内容」の３つに分け、保護者の状態によって、伝える内容を変えるのです。

　「絶対に伝えるべき内容」とは、主に子どものケガや病気、友だちにけがをさせたなどの重要事項のことを言います。このことは、保護者がひどく落ち込んでいても必ず伝える内容です。もし、その保護者と話すことが難しい場合には、もう一人の保護者（Aちゃんの父親）に伝えましょう。

　「できれば伝えた方がよい内容」には、友だちとの間でちょっとしたいざこざがあったり、保育活動に参加できなかったりしたなどの園での子どもの様子が含まれます。この情報は、保護者の状態がやや安定している時にします。ただし、子どものマイナ

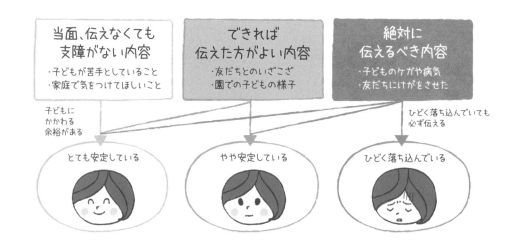

ス面だけでなく、「いざこざの後は、別の子どもと楽しく遊んでいた」「～と声をかけたら、みんなと一緒に参加するようになった」などのうまくできた点も伝えてください。

「当面、伝えなくても支障がない内容」には、子どもが園で苦手としていることで、家庭でも練習する機会があればやってほしいと考えること、家庭で気を付けてほしいことが含まれます。この情報は、保護者がとても安定していて、子どもにかかわる余裕があるときのみにしてください。

さらに 対 応 力 UP ↗

園でできる範囲で対応しよう

現代はストレス社会であると言われ、多くの人がさまざまな悩みやストレスを抱えています。それに伴い、うつ病や統合失調症、パニック障害などの精神疾患のある人が年々多くなっています。

保護者が自分から自身の病気について話すこともありますが、初期の段階ではなかなか保育者に伝えられないケースが多いです。保護者の表情が以前よりも暗く、笑顔がなくなったと感じたり、子どもに遅刻や欠席、忘れ物が目立つようになったりするなど、保護者に「以前はできていたことができなくなった」状況がみられる場合に、精神疾患を患っている可能性があるかもしれないと考えてみてください。

保護者に精神疾患がある場合に、子どもも精神的に落ち着かなくなってしまうことがあります。たとえば、保育者を独り占めしようとしたり、自分に注目してくれないと保育者をたたくなどの暴力をふるったりするなどのお試し行動をする子どもがいます。逆に、家庭で保護者の顔色を見ながら生活していることから、園でも保育者の顔色をうかがって、自信なく行動していたり、保育者や友だちに自分からかかわろうとしなかったりする子どもがいます。いずれにおいても、子どもの普段の生活の中で、なるべく一対一のスキンシップを図り、「先生はあなたのことが大好きだよ」という言葉を多くかけてあげてください。

なお、保護者に「子どものことをよく見てあげてください」などと話すことは、保護者にとって精神的な負担となります。保護者ができない分、保育者ができる範囲で配慮することを考えてください。

Q40
Aくんの母親はうつ病を患っています。お母さんを園の行事に誘ってもよいものでしょうか。

気分転換に
なるはず！

 お悩み

Aくんの母親は重いうつ病を患っています。今度、親子で参加する遠足があります。遠足に行けば、気分転換になるのではと思いますが、Aくんの母親に参加するように誘ってよいでしょうか。

行事に参加するように誘うけれども、出席することを強制してはダメ

　うつ病の人にとって、行事に参加することは、心身に大きな負担がかかります。そもそも外出すること自体を億劫に感じます。しかも、行事は他の保護者が大勢いるため、「他の保護者と話をしなくてはならないのだろうか」「他の人から今の自分はどう見られるのだろうか」などと不安を感じて、より負担がかかってしまうのです。

　ただし、行事があることを保護者に伝えないのはよくありません。行事が終わったあとに行事があったことを知って、「自分だけ伝えられなかった」と保護者が感じると、余計に気分を落ち込ませてしまいます。

　行事があることは他の保護者と同様に知らせ、体調がよければ参加してほしいと誘ってみることはしても、出席することを強制しないでください。もし、保護者が行事に参加できなくても、保育者が子どものことを見るから問題はないことを伝え、保護者を安心させてください。

うつ病ではない人が憂鬱な気分になった場合には、普段とは違う景色を見たり、おいしい空気を吸ったりすると、一般的には気分が晴れるものです。しかし、うつ病の人にとっては、通常と違う行動をすることは、身体に負担がかかり、気分転換になりません。よかれと思って気分転換に誘うことがかえって保護者の状態を悪化させてしまうことがあるのです。

　また、「気分転換でもしたらどうでしょうか？」などと、「○○でも」と言われると、「それすらできない自分は、本当にダメな人間だ」などとさらに落ち込んでしまう保護者もいます。「外出でもしたら」「気分転換でもしたら」などのフレーズは厳禁です。

さらに対応力UP

子どもに遅刻や欠席が目立つ場合の対応

　精神疾患のある保護者の多くに、睡眠障害があり、朝、起きなくてはいけないことはわかっていても、身体が鉛のように重く感じて動けない人がいます。「遅刻をしてもよいので、とりあえず子どもを登園させる」ことを目標にして、それができればよいことにします。

　精神疾患のある保護者は、「白か黒か」でものごとをとらえる傾向があり、「時間に間に合わなければ、休ませたほうがよい」などと考えてしまいます。しかし、休ませてしまうと、保護者は家庭の中で子どもとかかわる余裕がないため、子どもは刺激を受けずに一日を過ごすことになってしまいます。

　「これもできなかった」「あれもできなかった」と思い悩む傾向にある保護者にとって、「少なくともこれだけはできた」と考えられるように促すことは大切なことです。「とりあえず子どもを登園させる」というラインは、精神疾患のある保護者にはちょうどよい目標になります。

保護者の障害⑤ ・・・

Q41

Aちゃんの母親は、園からおたよりを渡しても、いつも「受け取っていない」「行事があるなんて知らなかった」とクレームを言ってきます。

　Aちゃんのお母さんは、ふだんから忘れ物が多かったり、保育者が伝えたことを「聞いていない」と言ったりして、園に確認の電話をかけることがよくあります。園からおたよりを出して、そこに書いてあったことについても、「おたよりを受け取っていない」「おたよりに書いてあったなんて知らなかった」と言って保育者に対して怒ることが頻繁にあります。

保護者に合った連絡手段を検討する

　Aちゃんのお母さんのようなタイプの保護者には、ＡＤＨＤの特性がある可能性があります。発達障害の特性のなかでも、ADHDの特性がある人には、注意が散漫になってしまう「不注意」、衝動的に行動してしまう「衝動性」の特徴があります。不注意から連絡事項を見落としてしまったり、保育者が言ったことを忘れてしまって、「連絡を聞いていない！」と思い、衝動的に園に対して怒りを向けることがあります。

　保育者としては、きちんと伝えているのに理不尽に苦情を言われている、という気持ちになるかもしれませんが、まずは、上記のような背景があることを理解します。そのうえで、こうした保護者には保護者に合った方法を保護者と一緒に検討します。

　おたよりを受け取っていないと言われた場合には、いつ渡したのかの事実を伝え、改めてお便りを渡します。渡しても、また紛失してしまう可能性があるので、写真を撮ってもらう、その場で手帳に書いてもらう、スマートフォンのリマインダーに入れてもらうなどその人に合った方法をとれるようにします。

　保育室の前のホワイトボード、玄関にある掲示板、おたより、連絡帳などさまざまなところに連絡事項が書いてあると混乱したり、見落としたりするケースがあります。この場合には、連絡事項を掲示する場所を1か所にまとめ、お迎えに来た時にはここだけは確認してほしいと伝えます。また、父親や祖父母など、育児に関わる家族が送迎に来ることがあるのであれば、母親だけでなく、家族にも連絡事項を伝えます。

Q42

Aちゃんの父親はこだわりがとても強く、いつも子どもの朝の支度に時間がかかりすぎていて、毎日仕事に遅刻しているようです。

毎日のルーチン

ウサギ小屋へいく

職員室にあいさつ

手洗いうがいをさせる

トイレに行かせる

待って！

お悩み

　発達障害の傾向があり、こだわりが強いAちゃん。Aちゃんのお父さんも、Aちゃんによく似ています。

　Aちゃんのお父さんは、毎朝Aちゃんを園に送ってくるのですが、園庭のウサギ小屋を見る、職員室によって保育者にあいさつをする、Aちゃんのクラスに行き、Aちゃんに手洗い・うがいをさせる、トイレに行かせる、といった決まったことを順番通りに行わないと気が済まないようで、Aちゃんが思うように行動しないと厳しく叱ります。また、時間がかかってしまうため、仕事に遅刻しているようです。

A　ルールを設ける、予告をする、視覚的にわかるように伝える

　保護者のこだわりが強く、保育や生活に支障が出ている場合には、保護者や子どもの生活に支障が生じないように、保育者が手助けをします。こだわりがある場合であっても、生活や子どもに影響が出ていなければ、見守っていて構いません。ただし、始業時間に遅れるなど、困った状況が生じている場合には、まず保育者のほうでルールを決めて、こだわりに区切りをつけるように促します。

　保護者と保育者で相談して、「8時を過ぎたらAちゃんの支度はこちらでやります」「着替えセットの準備までやってもらったら、あとは保育者がやります」とあらかじめルールを伝えておきます。急に言われると混乱してしまうので、時間のあるときに伝えるようにします。

　ルールを伝えたら、時間になる前に予告をします。「あと10分で園を出る時間です」「あと5分で…」というように少しずつ前もって予告をします。予告をする際には、時計など、目に見えるものを使って一緒に時間を確認するとよいです。毎朝やることを紙に書いて貼っておき、一緒に紙を見て「ここまで終わりましたよね」と一緒に確認するのもよいでしょう。決めた時間を過ぎたら、はっきりと「お父さんはお仕事に行ってください」と何をすればよいのかを伝えます。

きょうだいの障害

Q43 Aちゃんには、重度の障害がある妹がいます。保護者は妹の世話に時間がかかってしまい、なかなかAちゃんに手がまわりません。

お悩み

　Aちゃん（5歳）には、2歳下に重度の障害のある妹がおり、毎日医療的なケアが必要です。体調が悪くなると入院をすることがあり、そのたびに保護者にはとても疲れた様子がみられ、Aちゃんの世話にまで手がまわらないようです。

A 子どもの様子を見逃さない　園全体で子どもにかかわる

　医療的ケア（126頁の「プラス情報」参照）のように24時間休まずケアが必要な場合には、保護者の負担は非常に大きいものになります。また、医療的ケアが必要な子どもでなくても、障害のある子どもの場合には、保護者がきょうだいにかかりきりになって、Aちゃんの世話にまで手がまわらないことがあるでしょう。保護者は、「Aちゃんの面倒を見てあげていない」と罪悪感をもつ場合があります。保育者は「園では私たちがAちゃんをしっかり見るので、お母さんは無理をしないでください」と伝え、保護者が安心できるような態度で接してください。

　病気や障害のある子どもの体調によっては入院や手術が必要になる場合があります。こうしたときには、保護者は身体的、精神的に負担がかかります。家庭内の緊張が高まり、ピリピリした雰囲気になることもあります。小さい年齢の子どもであっても、家庭内の雰囲気を察します。

乳幼児期は不安やさみしさなどの自分の気持ちを言葉でうまく表現できない時期です。不安になったり、自分の思いを我慢したりしていると、子どもには身体的な症状や心理的な不安定さがみられることがあります。身体的な症状としては、爪かみや円形脱毛、夜尿などがあらわれることがあります。心理的な変化としては、保育者や保護者の気を引きたくてお試し行動をしたり、甘えたり、まわりの子どもに手を出してしまったりする様子がみられることがあります。

　園では、多くの大人がAちゃんのことを気にかけていることがわかるように、担任だけでなく、園の先生全員が毎日一度はAちゃんに声をかけます。また、家庭の環境の変化が原因で保育者に甘えていることがわかるときには、年長児であってもスキンシップをとったり、保育者を独占できる時間をつくったりするようにします。

さらに対応力UP

保護者への対応

　保育者は、保護者が家庭の様子を話しやすい雰囲気をつくるようにしてください。担任しているAちゃんのことだけでなく、妹のことについても話題にして、保育者が気にかけていることを伝えるとよいでしょう。また、両親の大変さは並大抵ではありません。人工呼吸器をつけていたり、痰の吸引などをしている場合には、入院の影響で保育時間が長くなってしまうことや、きょうだいの世話で大変そうな様子を保護者が見せることがあるかもしれません。保育者としては、Aちゃんにもっとかまってあげてほしいという気持ちになるかもしれませんが、そのことは保護者もわかっているはずです。Aちゃんが園で楽しく過ごしていた様子を伝えたり、保護者へのねぎらいの言葉を伝えるようにしてください。

お母さん、無理しないでくださいね

妹さんの体調はどうですか？

医療的ケアとは

　病気や出生時のトラブル、障害が原因となって、日常的に医療行為を必要とする子どもたちがいます。具体的には、自分の力で呼吸をすることが難しい場合に人工呼吸器を使ったり痰の吸引をしたりする、口から食事をとることが難しい場合にチューブを胃に入れて栄養を送る経管栄養を行う、尿を自分で出すことができない場合に導尿を行うなどがあります。医療の進歩や新生児の救命率の向上により、医療的ケアを受ける子どもたちは2万人以上にものぼっています（厚生労働省HPより）。基本的には、医療行為は医療従事者しか実施することができませんが、医師が許可した場合に子どもの家族も医療的ケアを実施することができます。医療的ケアの多くは毎日、休むことなく実施する必要があります。そのため医療的ケアを担う家族は休みなくケアをしなければならず、身体的、心理的な負担は非常に大きなものになります。

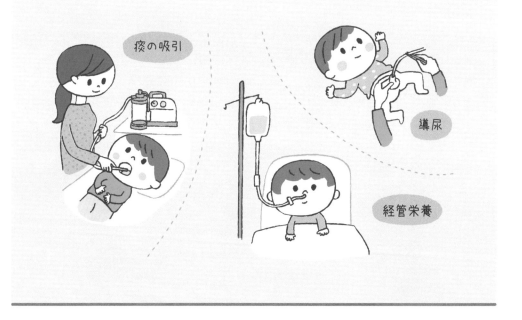

痰の吸引　導尿　経管栄養

Q44

Aちゃんの家庭で大切に飼っていた犬が死にました。Aちゃんはとても悲しんでいます。

お悩み

　Aちゃんの家庭には、Aちゃんが生まれた時から飼われていた犬がいます。家族みんなで大切にしており、Aちゃんもその犬が大好きでした。その犬が病気で死んでしまいました。Aちゃんはとても悲しみ、園でも暗い顔をしています。

A 落ち込まないように促すことは逆効果

　Aちゃんの家庭にとって、犬は家族の一人のように大切な存在であったと思います。Aちゃんも犬がいなくなって、心の中に大きな穴があいてしまったことでしょう。

　このようなAちゃんに対して、「泣いていると、天国のワンちゃんが悲しむよ」「元気にいてくれないと、ワンちゃんが心配するよ」などと落ち込まないように、無理に明るく生活するように促すことは逆効果です。犬がいなくなって悲しい、さびしいという気持ちを出せずに、かえって暗い気持ちが長引くことになりかねません。

　「Aちゃんの家のワンちゃんは、大切な存在だったのね」「いなくなって悲しいね」とAちゃんと一緒に悲しんであげてください。また、死んでしまった犬にさよならの手紙や絵を書くということも一つの方法です。大人も、人が亡くなった場合に、気持ちの区切りをつける意味で葬儀を行い、亡くなった人にさよならを言い、今までありがとうという気持ちを伝えます。それと同じように、死んだペットに対しても、さよならを言い、今までありがとうという気持ちを伝えられるように促すことは、子どもが気持ちを整理するために必要な過程です。

さらに 対 応 力 UP

園で飼っている生き物が死んでしまったら

　ウサギや鳥などの動物を飼育している園は多いことと思います。動物が死んでしまうことはめずらしくありません。子どもたちがかわいがっていた動物の場合、死んでしまったことを子どもたちに伝えることは残酷であると感じて、隠してしまうケースを時々見ます。しかし、大人が死を隠そうとすればするほど、子どもは死を理解できず、必要以上に恐れたり、自分には関係ないものであると考えてしまうことになります。

　子どもに、動物が死んでしまったことを伝えていきながら、命は限りがあるものであり、自分の命も他の人の命も、動物の命も大切にしなくてはならないことを伝えることが大切です。また、子どもたちに目を閉じてその動物との楽しかったことを思い出すように促します。それを通して、かわいがっていた動物が死んでしまっても、その動物とふれあった思い出はいつも心の中に生き続けることなどを実感させてください。

ずっとみんなの
心の中にいるよ

Q45

Aちゃんの母親は重い病気を患い、入退院をくり返しています。家族もAちゃんの面倒をなかなか見られないようです。

お母さん、
病院にいっちゃったの

お悩み

　Aちゃんの母親は重い病気を患っており、入退院をくり返しています。Aちゃんのお母さんは、Aちゃんと遊んだり世話をしたりすることが十分にできていないことに罪悪感をもっているようです。また、Aちゃんのお父さんは、お母さんの入院の付き添いやAちゃんの送迎に手一杯で、とても大変そうです。

A 子どもの変化を見逃さない、園にいる間は楽しく過ごす

　保護者が病気になったとき、子どもは小さくても家庭内の様子の変化を感じてさまざまな反応を見せます。

　保育者の役割は、子どもの変化を見逃さず、保護者と一緒になって子どもの気持ちを支えること、園にいる間、楽しく過ごせるように援助をすること、つまり、普段の保育をすることです。

　子どもたちは、母親が病気であるという状況をしっかり理解できないままで、母親との分離や我慢を経験しなければならない状態になります。

　保育者は、Aちゃんの保護者に、お母さんの病気についてAちゃんにどのような説明をしているのかを尋ねて把握しておきます。保育者がAちゃんの知らない情報を勝手にAちゃんに伝えてしまい、Aちゃんが不安になることを避けるためです。あわせて、Aちゃんに保育者が何かを聞かれたときに、保育者はどのように答える

お母さんのご病気のこと、Aちゃんにはどのように説明していますか？

ママ
なおる？

のかも確認しておきます。また、子どもは、「お母さんが病気になったのは自分が悪いことをしたからだ」ととらえることがあります。「ぼくが悪い子だったから、お母さんが病気になった」というように、誤った理解をしている場合には、そうでないことを伝えてください。

　家族が病気になったとき、子どもは家庭内の雰囲気を察して我慢をしたり、不安をうまく表現できずにいる状態になります。母親に会えなかったり、十分にかかわることができずに、子どもが悲しい気持ちやさみしい気持ちを保育者に話したり、保育者に甘えることがあるかもしれません。そのようなときは、時間をとって甘えさせてください。

さらに対応力UP↗

お母さんが病気になったときの父親への対応

　共働き世帯が多く、男性の育児参加が進んだり、子育てに積極的なお父さんが増えているとはいえ、多くの父親はフルタイムで働き、残業もあり、子育てや家事の多くを担うのは母親という家庭も多いはずです。

　子どもの母親が病気になったとき、多くの父親はなんとかこれまでと同じ生活を維持しようとがんばります。病気の妻を支える夫としての役割、子どもの世話をする父親としての役割、仕事をする社会人としての役割など、複数の役割をこなさなければならず、負担が大きくなります。園とのかかわりのなかでは、「連絡帳に何を書けばよいのかがわからなかった」「園のことはすべて妻に任せていたので、毎日持っていく持ち物もわからない状態だった」という父親もいます。普段母親が担当している役割が多ければ、父親は何をどこからやればよいのかわからないこともあるかもしれません。大変な状況であることを理解して、保育者は見守るようにします。

　また、病気の家族がいる家庭へのサービスは少ない状況ですが、預かり保育、保育時間の延長など、園で実施している保育内容や、子どもの送迎時間に間に合わないときには「ファミリー・サポート・センター」など、利用できるサービスがあることを紹介します。そして何より、園で楽しく過ごしている子どもの様子を伝えることが、保育者のやるべき支援であるといえます。

子どもの病識の発達

　病気に対する認識のことを、病識と呼びます。子どもたちは成長に伴って病識が変化していきます。乳幼児期の子どもたちは病気についての理解が不十分な状況です。赤ちゃんのころから2歳ころまでは、病気について理解をすることは難しく、お母さんが入院することになった場合、「なぜかわからないけれど、お母さんと離れなくてはならなくて悲しい」という気持ちが強い状態です。3歳ころから病気について次第に理解をし始めます。自身が風邪などの病気になった体験から、「病気になると熱が出てつらい」「病気になったら薬を飲む」など病気についての理解を持ち始めますが、「病気だから入院して治療をしなくてはならない」といった病気や治療についてしっかりと理解するにはまだ難しい段階です。4歳以上になると、「ばいきんが身体に入って病気になる」というように原因があって病気になるといったことを理解し始めます。病気の原因や治療の必要性について、正しく理解できるようになるのは小学校高学年ごろです。

保護者の死

Q46

5歳のAちゃんの母親は長く病気を患った末に、先日、亡くなりました。Aちゃんから「ママ、死んじゃったの」と言われたときに、どう答えたらよいでしょうか。

お悩み

Aちゃんの母親は長く病気を患った末に、先日、亡くなりました。しばらくAちゃんは欠席していましたが、久しぶりに登園しました。Aちゃんから「ママ、死んじゃったの」と言われたのですが、どう答えればよかったのでしょうか。

134

A 子どものペースでゆっくりと話を聞こう

　死というデリケートな問題を扱う場合に、とまどう保育者は多いと思います。まずは、子どもの状態や表情をよく観察したうえで、子どもが話せるようであれば、ゆっくりと子どものペースで話を聞いてください。その際に、子どもを膝にのせたり、手を握ったりするなど、スキンシップを図ることが大切です。ただし、「今、Aちゃんはどのような気持ちなの？」などと子どもの気持ちを聞き出そうと詮索してはいけません。また、子どもが途中で話すのを嫌がったら、すぐにやめてください。

　子どもによっては、赤ちゃん返りをしたり怒りっぽくなったりする場合があります。逆に、よい子になろうとがんばりすぎる子どももいます。登園した際に「先生はAちゃんのことが大好き」と抱きしめたり、午睡の際にスキンシップを多くとったりするなど、できる範囲で甘えさせてください。がんばりすぎる子どもの場合には、がんばっていることを認めつつ、これまでのAちゃんで十分によい子であり、そのままでよいことを話します。

　さらに、子どもの中には、自分のせいで親が死んでしまったと考えるケースがあります。たとえば、母親に叱られたあとに、「ママなんかいなくなっちゃえばいいんだ」と考えたことがあった場合に、母親の死は自分がそのように思ったせいだと考えてしまうのです。母親の死は病気が原因であったこと、病気になったのは誰のせいでもないことをきちんと伝えることが大切です。

ママが亡くなったのは、
Aちゃんのせいじゃないよ

絵本を活用しながら、
子どもが死を受け止められるように促そう

　子どもの気持ちが少しずつ落ち着いてきたら、死を扱った絵本を活用して、死を受け止められるように促すことをおすすめします。絵本は、子どものペースで、くり返し読むことができます。死んだ人が心の中で生き続けていること、母親が大切に子どもを思って育ててきたことがわかる絵本を選びます。

　その後、Aちゃんの母親も、生前にAちゃんを大切に育ててきたことを思い出しながら、話してください。

　母親の死を扱った絵本として『おかあさん　どこいったの？』（レベッカ・コップ　文／絵、おーなり由子　訳、ポプラ社）があります。

　また、子どもが自分の悲しい気持ちを表現するための絵本として、『「さようなら」っていわせて』（ジム＆ジョアン　ボウルディン　著、きたやまあきお　やく、大修館書店）があります。この絵本は、子どもが自分の気持ちを絵で描くなどのワークを取り入れており、少しずつ死を受け入れられるように作られています。

『おかあさん　どこいったの？』

『「さようなら」って
いわせて』

著者・監修者紹介

著者　**水野 智美**（みずの・ともみ）

筑波大学医学医療系准教授、博士（学術）、臨床心理士。
全国の幼稚園、保育所、認定こども園を巡回し、気になる子どもへの対応やその保護者の支援について、保育者の相談に応じている。
著書に、『こうすればうまくいく！ADHDのある子どもの保育　イラストですぐにわかる対応法』『こうすればうまくいく！自閉症スペクトラムの子どもの保育　イラストですぐにわかる対応法』（以上、中央法規）、『看護師・医療スタッフのための発達障害傾向のある子どもの診療サポートブック』（診断と治療社）などがある。

著者　**西村 実穂**（にしむら・みほ）

東京未来大学こども心理学部講師、博士（学術）、保育士、看護師、保健師。
全国の幼稚園、保育所、認定こども園を巡回し、気になる子どもへの対応やその保護者の支援について、保育者の相談に応じている。
著書に、『こうすればうまくいく！医療的配慮の必要な子どもの保育　30の病気の対応ポイントがわかる！』『こうすればうまくいく！知的障害のある子どもの保育』（以上、中央法規）、『具体的な対応がわかる 気になる子の偏食－発達障害児の食事指導の工夫と配慮－』（チャイルド本社）などがある。

監修者　**徳田 克己**（とくだ・かつみ）

筑波大学医学医療系教授、教育学博士、臨床心理士。
専門は子ども支援学、保育支援学、障害科学。全国の幼稚園、保育所、認定こども園を巡回して、保育者や保護者を対象とした講演・相談活動を行っている。
『具体的な対応がわかる　気になる子の保護者への支援』（チャイルド本社）、『知らないとトラブルになる！配慮の必要な保護者への支援』（学研教育みらい）など、著書多数。

誰にも聞けなかった！
保育者のいろいろお悩み相談
親の離婚・再婚、外国籍家庭など　対応力が上がる４６のQ&A
Various trouble consultations for child care workers

2021年4月10日　発行

著　者 ─────── 水野智美・西村実穂
監修者 ─────── 徳田克己

発行者 ─────── 荘村明彦
発行所 ─────── 中央法規出版株式会社
　　　　　　　　〒110-0016　東京都台東区台東3-29-1　中央法規ビル
　　　　　　　　営　業　　　TEL 03-3834-5817　FAX 03-3837-8037
　　　　　　　　取次・書店担当　TEL 03-3834-5815　FAX 03-3837-8035
　　　　　　　　https://www.chuohoki.co.jp/

装幀 ───────── 柴田琴音(Isshiki)
本文デザイン・DTP ─ 青木奈美(Isshiki)
カバー・本文イラスト　コダシマアコ

印刷・製本 ─────── 奥村印刷株式会社

定価はカバーに表示してあります。
ISBN978-4-8058-8293-1

● 本書へのご質問について
本書の内容に関するご質問については、下記URLから「お問い合わせフォーム」にご入力いただきますようお願いいたします。
https://www.chuohoki.co.jp/contact/